Ação Declaratória Incidental de Inconstitucionalidade

visite nosso site
www.editorapillares.com.br

Dados Internacionais de Catalogação na Publicação (CIP)
(Câmara Brasileira do Livro, SP, Brasil)

Silva, Adailson Lima e
    Ação declaratória incidental de inconstitucionalidade / Adailson Lima e Silva. -- São Paulo : Editora Pillares, 2009.

    Bibliografia.
    ISBN 978-85-89919-63-0

    1. Ação declaratória 2. Ação declaratória - Brasil 3. Direito constitucional 4. Processo civil   I. Título.

09-01231   CDU-347.922.63

Índices para catálogo sistemático:
1. Ação declaratória : Processo civil
       347.922.63

ISBN 978-85-89919-63-0

Ação Declaratória Incidental de Inconstitucionalidade

Adailson Lima e Silva

São Paulo – SP
2009

© Copyright 2009 by Editora Pillares Ltda.

Conselho Editorial:
Armando dos Santos Mesquita Martins
Gaetano Dibenedetto
Ivo de Paula
José Maria Trepat Cases
Luiz Antonio Martins
Wilson do Prado

Revisão:
Daniela Medeiros Gonçalves

Editoração e capa:
Triall Composição Editorial Ltda.

Editora Pillares Ltda.
Rua Santo Amaro, 586 – Bela Vista
Telefones: (11) 3101-5100 – 3105-6374 – CEP 01315-000
E-mail: editorapillares@ig.com.br
Site: www.editorapillares.com.br

TODOS OS DIREITOS RESERVADOS. Proibida a reprodução total ou parcial, por qualquer meio ou processo, especialmente por sistemas gráficos, microfílmicos, fotográficos, reprográficos, fonográficos, videográficos. Vedada a memorização e/ou a recuperação total ou parcial, bem como a inclusão de qualquer parte desta obra em qualquer sistema de processamento de dados. Essas proibições aplicam-se também às características gráficas da obra e a sua editoração. A violação dos direitos autorais é punível como crime (art. 184 e parágrafos, do Código Penal, cf. Lei nº 10.695/2003) com pena de prisão e multa, conjuntamente com busca e apreensão e indenizações diversas (Lei nº 9.610, de 19-02-98).

Impresso no Brasil

Aos meus pais, Adilson e Aldair, pelo exemplo de vida e trabalho, como também pela concessão do aconchego e apoio para a redação desta obra.

Às minhas filhas, Naiara e Samara, pelas horas de convívio furtadas na abnegação das pesquisas.

À minha esposa Jaqueline, meus irmãos Adenilson, Celina e Deiber, meu cunhado Emérson e meu dileto sobrinho Emérson Augusto.

Com toda consideração aos meus alunos da UEMG, Campus de Ituiutaba (MG), que me brindaram com a honraria de ser nome de suas turmas, quando de sua formatura, quais sejam:

a) bacharéis da Turma Direito Noturno do ano de 2002, pelo equívoco;
b) bacharéis da Turma Direito Noturno do ano de 2004, pela insistência;
c) bacharéis das Turmas Direito Diurno e Direito Noturno do ano de 2005, pela inesquecível despedida. Minha gratidão e perene amizade.

Agradecimentos

Meus sinceros agradecimentos e encômios ao Prof. Dr. José Marcos Rodrigues Vieira, amigo particular e orientador, nesta empreitada, a quem considero um dos maiores processualistas do Brasil.

Aos Professores Doutores: José Marcos Rodrigues Vieira, Ronaldo Brêtas de Carvalho Dias e Rosemiro Pereira Leal, baluartes da docência na PUC-MG.

Sumário

Agradecimentos 9

Capítulo 1

Considerações Introdutórias 17

1.1. Evolução histórica do estudo do processo constitucional 17
1.2. Direitos constitucionais de várias gerações e suas respectivas tutelas processuais 19
    1.2.1. O surgimento da pós-modernidade jurídica 20
1.3. Direitos constitucionais de primeira geração e seu direito processual garantidor 25
    1.3.1. A evolução dos conceitos de "ação" e de "processo", nesta fase da história do Direito 25
    1.3.2. O surgimento e a evolução do direito constitucional e do direito processual no Brasil 26
1.4. Direitos constitucionais de segunda geração e sua garantia processual 28
    1.4.1. A evolução do conceito de "ação" e de "processo", neste momento histórico 29
    1.4.2. O nascimento do controle de constitucionalidade no Brasil 31
    1.4.3. O desenvolvimento do conceito de ação no Brasil 35
1.5. Direitos constitucionais de terceira geração e a evolução do processo para sua efetividade 37
    1.5.1. O conceito "pós-moderno" de ação 38
    1.5.2. O contraste entre a evolução do controle de constitucionalidade na Constituição brasileira de 1988 e o tratamento da matéria no Código de Processo Civil brasileiro de 1973 43

1.5.2.1 A limitação da legitimidade ativa ao cidadão para o ajuizamento da arguição de descumprimento de preceito fundamental..46
1.5.2.2 O instituto da repercussão geral das questões constitucionais para admissibilidade do recurso extraordinário...46
1.5.2.3 As razões do cabimento da ação declaratória incidental de inconstitucionalidade..................................47

Capítulo 2
Controle de Constitucionalidade... 55
2.1. Noções básicas..56
    2.1.1. Origem do controle de constitucionalidade..............56
    2.1.2. Norma constitucional e norma ordinária...................60
    2.1.3. Classificação das normas constitucionais..................66
    2.1.4. Interpretação das normas constitucionais..................66
    2.1.5. Meios informais de modificação da Constituição...69
2.2. A Constituição e seu conceito......................................70
    2.2.1. Classificação das Constituições..................................70
    2.2.2. Inconstitucionalidade...71
        2.2.2.1. Inconstitucionalidade material e inconstitucionalidade formal....................73
        2.2.2.2. Inconstitucionalidade por desvio ou excesso de poder legislativo........................74
        2.2.2.3. Inconstitucionalidade por ação e inconstitucionalidade por omissão...........76
        2.2.2.4. Inconstitucionalidade originária e inconstitucionalidade superveniente........76
        2.2.2.5. Inconstitucionalidade total e inconstitucionalidade parcial.....................77

2.3. Objeto da declaração de inconstitucionalidade 78
2.4. Inconstitucionalidade de normas constitucionais 79
2.5. Fases da declaração de inconstitucionalidade 82
2.6. Efeitos da declaração judicial de inconstitucionalidade 82
    2.6.1. Efeitos processuais relativos à eficácia da lei 83
    2.6.2. Efeitos no tempo, quanto à extensão da coisa julgada 86
    2.6.3. Efeitos da declaração de inconstitucionalidade no direito intertemporal 88
        2.6.3.1. Revogação do ordenamento jurídico anterior pela Constituição Federal nova..88
        2.6.3.2. Repristinação do ordenamento jurídico revogado 91
    2.6.4. Efeitos da declaração de inconstitucionalidade em relação às partes do processo 93
2.7. Controle de constitucionalidade em estudo 94
    2.7.1. Controle de constitucionalidade preventivo e controle de constitucionalidade repressivo 94
    2.7.2. Controle de constitucionalidade individual e controle de constitucionalidade coletivo 95
    2.7.3. Controle de constitucionalidade direto e controle de constitucionalidade indireto 96
2.8. Objeto do controle de constitucionalidade 97
2.9. Sistemas de controle de constitucionalidade 98
    2.9.1. O sistema político de controle de constitucionalidade 98
    2.9.2. O sistema judicial de controle de constitucionalidade 98
    2.9.3. O sistema misto de controle de constitucionalidade 99
2.10. O sistema judicial de controle de constitucionalidade, pelo método difuso, em estudo 100
    2.10.1 A competência para o exercício do controle de constitucionalidade pelo método difuso 100

2.10.2. A titularidade para requerer o exercício do controle de constitucionalidade pelo método difuso............. 102
2.10.3. Tratamento processual da inconstitucionalidade... 103
2.10.4. Meios processuais de exercício do controle de constitucionalidade judicial utilizando-se o método difuso................ 104
2.10.5. Efeitos da sentença que julga a inconstitucionalidade pelo método difuso............... 104
2.10.6. Natureza jurídica da sentença que julga a inconstitucionalidade no método difuso................. 105
2.10.7. Reflexos da declaração de inconstitucionalidade de lei, pelo método difuso, na manutenção da coisa julgada................ 106
2.10.8. Reflexos da declaração de inconstitucionalidade de lei, pelo método difuso sobre o direito adquirido e o ato jurídico perfeito................ 108
2.11. O sistema de controle de constitucionalidade no Brasil, pós-Constituição Federal de 1988................ 109
2.12. Reflexões sobre o controle de constitucionalidade no Brasil, pós-Constituição Federal de 1988............ 114

Capítulo 3
Ação Declaratória Incidental de Inconstitucionalidade........... 117
3.1. Surgimento da ação declaratória................ 118
　3.1.1. As ações prejudiciais................ 119
　3.1.2. Juízos provocatórios................ 123
　　3.1.2.1. Juízo provocatório *ex lege diffamari*......... 124
　　3.1.2.2. Juízo provocatório *lex si contendat*.......... 125
　3.1.3. Litígio entre pretendentes................ 126
　3.1.4. A obtenção de segurança jurídica................ 128
　3.1.5. O procedimento documental................ 128
　3.1.6. O procedimento documental renovatório................ 129
　3.1.7. A *querella nullitatis* ou ação de nulidade................ 129
　3.1.8. A demanda incidental................ 131

Sumário

3.1.9. Objeto da ação declaratória 131
3.2. Cabimento da ação declaratória como instrumento de controle de constitucionalidade 133
3.3. Lide constitucional 136
3.4. Questão prejudicial constitucional 139
3.5. Competência para julgamento da ação declaratória incidental de inconstitucionalidade 140
3.6. Condições da ação declaratória incidental de inconstitucionalidade 140
    3.6.1. Falta de interesse de agir 142
    3.6.2. Possibilidade jurídica do pedido 143
    3.6.3. Legitimidade das partes 144
3.7. Requisitos para o ajuizamento da ação declaratória incidental de inconstitucionalidade 145
    3.7.1. Inexistência de impedimento jurídico ao ajuizamento da demanda incidental de inconstitucionalidade no processo "pós-moderno" 145
    3.7.2. Preclusão, prescrição e caducidade da ação declaratória incidental de inconstitucionalidade 147
    3.7.3. Ação declaratória de inconstitucionalidade conexa 148
    3.7.4. Competência para o julgamento da ação declaratória de inconstitucionalidade conexa 149
3.8. Petição inicial da ação declaratória incidental de inconstitucionalidade 150
    3.8.1. Causa de pedir 151
    3.8.2. Valor da causa 152
3.9. Objeto da ação declaratória incidental de inconstitucionalidade 153
3.10. Cabimento da ação declaratória incidental de inconstitucionalidade no direito processual brasileiro 154
3.11. Finalidade da ação declaratória incidental de inconstitucionalidade 158
    3.11.1. Diferença de outras ações com finalidade de exercício do controle de constitucionalidade 160

3.12. Tutela antecipada e revelia na ação declaratória incidental de inconstitucionalidade 163
3.13. Julgamento antecipado da lide e atuação do Ministério Público 164
3.14. Efeitos do ajuizamento da ação declaratória incidental de inconstitucionalidade 165
3.15. Sentença na ação declaratória incidental de inconstitucionalidade 167
    3.15.1. Ineficácia particular e ineficácia geral da lei declarada inconstitucional 168
    3.15.2. Natureza jurídica da sentença 168
    3.15.3. Efeitos da sentença 169
    3.15.4. Efeitos secundários da sentença 170
3.16. Recurso do julgamento da ação declaratória incidental de inconstitucionalidade 170
3.17. Coisa julgada na ação declaratória incidental de inconstitucionalidade 172
3.18. Cumprimento de sentença na ação declaratória incidental de inconstitucionalidade 173

Conclusão 179
Bibliografia 189

Capítulo 1

Considerações Introdutórias

1.1. Evolução histórica do estudo do processo constitucional. 1.2. Direitos constitucionais de várias gerações e suas respectivas tutelas processuais. 1.2.1. O surgimento da pós-modernidade jurídica. 1.3. Direitos constitucionais de primeira geração e seu direito processual garantidor. 1.3.1. A evolução dos conceitos de "ação" e de "processo", nesta fase da história do Direito. 1.3.2. O surgimento e a evolução do direito constitucional e do direito processual no Brasil. 1.4. Direitos constitucionais de segunda geração e sua garantia processual. 1.4.1. A evolução do conceito de "ação" e de "processo", neste momento histórico. 1.4.2. O nascimento do controle de constitucionalidade no Brasil. 1.4.3. O desenvolvimento do conceito de ação no Brasil. 1.5. Direitos constitucionais de terceira geração e a evolução do processo para sua efetividade. 1.5.1. O conceito "pós-moderno" de ação. 1.5.2. O contraste entre a evolução do controle de constitucionalidade na Constituição brasileira de 1988 e o tratamento da matéria no Código de Processo Civil brasileiro de 1973. 1.5.2.1. A limitação da legitimidade ativa do cidadão para o ajuizamento da arguição de descumprimento de preceito fundamental. 1.5.2.2. O instituto da repercussão geral das questões constitucionais para admissibilidade do recurso extraordinário. 1.5.2.3. As razões do cabimento da ação declaratória incidental de inconstitucionalidade.

1.1. Evolução histórica do estudo do processo constitucional

Os estudos científicos, com o propósito de adaptar o desenvolvimento do direito constitucional da modernidade, segundo uma corrente, ou da pós-modernidade, como alardeia outra facção de estudiosos que, hodiernamente, se fala em direitos constitucionais, de terceira geração, ao espectro tutelador do direito processual, decorre de longa data.

Tendo ocorrido as primeiras manifestações, na Itália, com Piero Calamandrei,[1] em 1950 no ensaio "La illegittimità costituzionale delle leggi nel processo civile", seguido, em 1952, por Enrico Tullio Liebman,[2] com o artigo "Dirito costituzionale e proceso civile", no entanto, foi em 1955, por meio de estudos de Mauro Cappelletti,[3] publicados na monografia histórica denominada "La giurisdizione costituzionale delle libertà",[4] que os estudos do processo constitucional avultaram-se e tomaram a forma com que são aceitos hoje nas melhores escolas de ensino jurídico do mundo ocidental. No mesmo ano (1955), na Alemanha, Fritz Baur publicou "Der anspruch auf rechtliches gehor" (Das pretensões de direitos judiciais),[5] também direcionado ao estudo da matéria.

Na América, houve um esboço, um tímido início de processo constitucional nos manuais de Hugo Alsina,[6] na Argentina, em 1941, no tópico "Fuentes constitucionales del derecho procesal" de seu "Tratado teórico prático de derecho procesal civil y comercial", bem assim como ocorreu no Uruguai por meio do trabalho de Eduardo Juan Couture,[7] em 1942, na obra "Fundamentos del derecho procesal civil", e depois em 1948 com seus "Estúdios de derecho procesal civil", que possuía um capítulo denominado "Las garantias constitucionales del proceso civil", alcançando depois o México, com Hector

---

1 *La Illegittimità costituzionale delle leggi nel processo civile*, Padova, 1950.

2 *Dirito costituzionale e processo civile*, Rivista di Diritto Processuale Civile, 1952.

3 *La guriszizione costituzionale delle Libertà*, Milano, Giuffrè, 1955.

4 No Brasil, em 1979, José Celso de Melo Filho publicou, na RT 526/291, o artigo "A tutela judicial da liberdade", sem o mesmo conteúdo.

5 *Der anspruch auf rechtliches gehor*, Archiv fur die civilistische, Praxis, 1955, traduz-se como *Das pretensões de direitos judiciais*, Arquivos Civilisticos, Praxis, 1955.

6 *Tratado teórico pratico de derecho procesal civil y comercial*, T. I, C.AE., Buenos Aires, 1941, p. 152.

7 *Fundamentos del derecho procesal civil*, Buenos Aires, Depalma, 1942 e *Estúdios de Derecho Processal Civil*, Buenos Aires, Depalma, 1948.

Considerações Introdutórias   19

Fix-Zamudio,[8] que em 1967, publicou o artigo "La protección procesal de las garantias individuales en América Latina", podendo-se falar, então, em raízes da jurisdição constitucional na América.

No Brasil, a disseminação da matéria ocorreu de forma gradual, pois, em 1958, José Frederico Marques,[9] no segundo volume de sua obra chamada *Instituições de direito processual civil*, abordou um item com o título de "As bases constitucionais do processo civil". Em 1973, Ada Pellegrini publicou "As garantias constitucionais do direito de ação", publicando a mesma autora, em 1976, o ensaio "Os princípios constitucionais e o Código de Processo". Em outro tempo, em 1983, Roberto Rosas publicou seu "Direito processual constitucional"[10].

Em 1984, José Alfredo de Oliveira Baracho trouxe à lume seu festejado "Processo constitucional"[11], culminando que, em 1988, Nélson Nery Júnior tornou pública sua obra "Princípios do processo civil na Constituição Federal"[12]. Quando, então, em 1989, Rogério Lauria Tucci e José Rogério Cruz e Tucci lançaram no mercado sua obra "A constituição de 1988 e o processo"[13].

1.2. Direitos constitucionais de várias gerações e suas respectivas tutelas processuais

É importante narrar, neste contexto, a evolução dos direitos constitucionais de primeira até a terceira geração, para percebermos a existência de um vácuo, de uma lacuna no direito processual civil brasileiro, no tratamento do controle de constitucionalidade difuso,

---

8 *La Protección Procesal de las Garantias Individuales en América Latina*, Revista Iberoamericana de Derecho Procesal, Madrid, 1967.

9 *Instituições de Direito Processual*, Vol. II, Rio, Forense, 1958, p. 109.

10 *Direito Processual Constitucional*, São Paulo, Revista dos Tribunais, 1983.

11 *Processo Constitucional*, Rio, Forense, 1984.

12 *Princípios do Processo Civil na Constituição Federal*, São Paulo, Revista dos Tribunais, 1988.

13 *A Constituição de 1988 e o Processo*, São Paulo, Saraiva, 1989.

sob o aspecto processual, que merecerá nosso estudo e tentativa de solução.

Na tentativa de solucionar o vácuo de direito processual constitucional mencionado, no tratamento da matéria acima exortada, traremos à lume a proposição jurídico-processual da ação declaratória incidental de inconstitucionalidade, isso para não incorrermos nos vícios da suposta "pós-modernidade jurídica", que apresenta as mazelas do sistema jurídico, não obstante se olvida de apresentar soluções àquelas e submetê-las à apreciação da comunidade jurídica.

Nesse diapasão é o ensinamento de Arnaldo Sampaio de Moraes Godoy,[14] na obra "O pós-modernismo jurídico", quando leciona: "O pós-modernismo jurídico não oferece soluções ou projetos pontuais que permitam uma interface a essa realidade criticada. Não há um constitucionalismo, um direito civil ou um direito processual pós-modernos" (...) e conclui: "O pós-modernismo jurídico é abstração filosófica, especulação teórica, agitação intelectual".

1.2.1. O surgimento da pós-modernidade jurídica

Apregoam alguns sectários da modernidade que a pós-modernidade jurídica ainda não teve início por falta de marco fático que pudesse estabelecer o divisor de águas entre a primeira e a última, esquecendo-se que, no interregno que medeia, do fim da Segunda Guerra Mundial até os dias de hoje, caiu o muro de Berlim, houve a cisão e queda da antiga União Soviética.

No mesmo patamar, ocorreu a expansão do movimento econômico neoliberal globalizante, atingindo todos os rincões da Terra. Adveio a criação do bloco econômico-jurídico da União Europeia, com a tentativa de implementação de moeda única e Constituição una. Ademais, há um esforço supranacional para criação e solidificação do bloco jurídico e econômico cognominado de Mercosul, fatos que estariam, em tese, a justificar o surgimento de um direito pós-moderno.

---
14 *O pós-modernismo jurídico*, Porto Alegre, Fabris, 2005, p. 121.

Um direito pós-moderno que não apenas servisse para desconstruir as instituições e os institutos jurídicos, mas que apresente soluções jurídico-processuais aos problemas da humanidade, adaptando-os à realidade atual, modificada pelo tempo e pelas transformações econômicas, financeiras e sociais.

Por exemplo, no direito constitucional pode-se falar em pós-modernidade, depois do advento do Estado Democrático de Direito e da criação do direito constitucional supranacional, sustentado pelos países da União Europeia.

No direito processual, para alguns como Jorge W. Peyrano,[15] em sua obra "El derecho procesal postmoderno", a pós-modernidade já está instalada e em execução, quando afirma: "Em efecto: predicar la tolerância, la conciliación de tesis antagônicas, el abandono de empresas utópicas y su recambio por empreendimientos más modestos pero esequibles y la desconfianza hacia um ejercicio desmensurado de racionalidad representa um ideario que, creemos, merece nuestra adscripción. Y tal adscripción, támbiem vale cuando de aceptar notas procesales postmodernas se trata". Proposição com a qual concordamos e aderimos, como demonstraremos adiante.

O marco da pós-modernidade no direito o processual é objeto de discórdia. Segundo uma facção de doutrinadores, teria ocorrido com a implantação dos princípios constitucionais fundamentais, no estudo da estrutura do processo, em movimento que se convencionou chamar de modelo constitucional do processo.

Este movimento iniciou-se na Itália em 1980, com Andolina,[16] na festejada obra "Il modelo costitutionale del processo civile italiano", onde verbera: "Le norme ed i principi costituzionali riguardanti l'esercizio della funzione giurisdizionale, se considerati nella loro complessità, consentono all'interprete di disegnare um vero e próprio schema generale di processo, siscettibile di formare l'oggetto di uma esposizione unitária. Nelle pagine seguenti si cercherá, per

---

15 *El derecho procesal postmoderno*, Revista de Processo 81/141, São Paulo, Revista dos Tribunais.

16 *Il modelo costitutionale del processo civile italiano*, Torino, Giappichelli, 1980.

l'appunto, difare codesta esposizione, limitatamente però al solo modelo costituzionale del processo civile".

Outra corrente sustenta que o marco científico da pós-modernidade, em termos de direito processual, foi a introdução no conceito de processo da imagem do "procedimento em contraditório", proposta por Fazzallari,[17] no compêndio "Istituzioni di diritto processuale", com estas letras: "Ocorre qualche cosa di più e di diverso; qualche cosa che l'osservazione degli archetipi del processo consente di cogliere. Ed é la strutura del procedimento, cioè appunto, il contraddittorio", com seguidores de nomeada no solo brasileiro.[18]

Entendemos que a preocupação do estudioso do direito processual com a função social do processo está em suprir e fiscalizar eventuais cisões e imperfeições do modelo econômico-financeiro, com a atrofia do modelo social e jurídico. E que a inquietação científica dos operadores do direito processual, procurando criar e aperfeiçoar instituições e institutos jurídicos, é desconforme com a realidade na qual vivemos.

Que o estudo sério e objetivo do controle da legalidade, do controle da constitucionalidade das leis, e atos normativos equivalentes, com o propósito de beneficiar o cidadão, diante da fragilidade e inoperância da função judiciária, no cumprimento de seu papel constitucional, estão a demonstrar o marco da inclusão do direito processual, na seara da pós-modernidade.

Tal circunstância demonstra-se com a privatização do processo, como a que ocorre, no Brasil, com o advento da Lei 11.382, de 02.12.2006, que possibilita ao exequente, no processo de execução, promover a alienação privada do bem penhorado, conforme a letra do novel art. 685-C do Código de Processo Civil, bem assim da Lei 11.441, de 04.01.2007, que permite às partes, acompanhadas de advogados, dirigir-se até os cartórios respectivos e fazer separações, divórcios e inventários, nos casos que menciona, demonstram com

---

17 *Istituzioni di diritto processuale*, 8ª ed., Padova, Cedam, 1996, p. 82-83.

18 Aroldo Plínio Gonçalves, *Técnica processual e teoria do processo*, Rio, Aide, 1992.
Rosemiro Pereira Leal, *Teoria geral do processo*, Belo Horizonte, Del Rey, 2005.

clareza que a função judiciária está deixando de cumprir sua missão de promover a paz social e diminuir a desigualdade dos litigantes, em parte.

Situação fática que foi percebida por José Carlos Barbosa Moreira,[19] quando leciona em seu prestigiado estudo "Neoprivatismo no processo civil", com estas palavras: "Não cairá mal, nessa perspectiva, a denominação de privatismo. Sejamos, porém, mais exatos: já que semelhante orientação nos remete à mentalidade dominante em tempos idos — e que infelizmente, ao que tudo indica, reerguida da sepultura em que parecia jazer —, numa época em que o processo civil era tido e havido como 'coisa das partes' (Sache der Parteien, segundo a conhecida expressão alemã), tomamos a liberdade de chamar-lhe neoprivatismo, na esperança de que isso não desagrade aos ardorosos propagandistas".

A crise da jurisdição, da função judiciária em si, está caracterizada, segundo pensamos, ao tempo em que permite a transação penal, em crimes de menor gravidade, e a transação civil para pôr fim a demandas, como se nota na Lei 9.099/95 (Lei dos Juizados Especiais Civis e Penais).

Pela situação incontestável de que a Justiça, na sua missão pacificadora, está plantada, esta situada no centro das grandes comarcas e não consegue alcançar as suas periferias, o que, em tese, provocaria o surgimento de uma "função judiciária paralela" caraterizada, *mutatis mutandis*, pelo surgimento e pela existência paralela de grupos armados, promovendo a desordem, com a queima de ônibus, ataques a agências bancárias e a delegacias de polícia nas grandes capitais do sudeste do Brasil.

Todas estas circunstâncias, somada a opção do legislador, quiçá com o aval da função judiciária para o surgimento de divórcios, separações e inventários, sem acesso ao Judiciário, por opção dos interessados, nos casos que a lei especifica. A comunicação eletrônica dos atos processuais, prevista na Lei 11.419, de 19.12.2006, demonstra a

---

19 *Neoprivatismo no processo civil*, Revista de Processo 122/9, São Paulo, Revista dos Tribunais.

passagem do direito processual civil brasileiro da modernidade para a pós-modernidade jurídica.

Tomando partido na disputa, sobre a origem da "pós-modernidade processual", em termos mundiais, e fundados na lição de Oskar von Bulow,[20] quando leciona: "Em lugar de considerar el proceso como uma relación de derecho público, que se desenvulve de modo progresivo, entre el tribunal y las partes, ha destacado siempre unicamente aquel aspecto de la noción de proceso, que salta a la vista de la mayoria: su marcha o adelanto gradual, el procedimiento; unilateralidad que tiene su origen en la jurisprudência romana de la Edad Media".

Acreditamos que a noção de processo como procedimento, com a presença de contraditório compatível com o momento histórico vivido, existia desde a lição de Bulow, na obra retromencionada, e a nosso sentir esta doutrina foi apenas modenizada por Fazzallari, logo não pode ser o marco da transposição do direito processual da modernidade para o direito processual da pós-modernidade.

Mencione-se que, na Alemanha, em 1927, Leo Rosenberg conceitua processo como: "el procedimiento juridicamente regulado para la protección del ordenamiento jurídico"[21]. Em 1936, Goldschmidt segue a mesma linha científico-processual, lecionando: "el processo es el procedimiento cuyo fin es la constitución de la cosa juzgada"[22]. Como se percebe, em todos estes conceitos há menção ao procedimento e não se pode afirmar que neles não se era observado o princípio do contraditório.

Posição ocupada, segundo pensamos, pela implantação dos princípios constitucionais fundamentais, no estudo da estrutura do processo, em movimento que se convencionou chamar de modelo constitucional do processo, que teve em Andolina um de seus expoentes máximos.

---

20 *La teoria de las excepciones procesales y los presupuestos procesales*, Buenos Aires, Ejea, 1956, p. 3.

21 *Tratado de derecho procesal civil*, Tomo I, Buenos Aires, Ejea, 1951, p. 5.

22 *Teoria general del processo*, Barcelona, Labor, 1936, p. 34.

1.3. Direitos constitucionais de primeira geração e seu direito processual garantidor

Os direitos constitucionais de primeira geração surgiram, concomitantemente, com o estado liberal, nascido das revoluções liberais, francesa de 1789 e americana de 1776, que garantiu aos cidadãos os direitos individuais puros, exemplificados como sendo direito à liberdade, à igualdade e à propriedade, tutelados na seara do direito processual pelo *habeas corpus*, pelo mandado de segurança individual e pelas ações civis ordinárias, vinculadas ao direito material.

A lei passa a ser criação deificada e acabada do Estado, senhor do bom e do justo, uma criação genérica e impessoal, é a expressão do jusnaturalismo que tem seu apogeu no Código Civil de Napoleão (1803). Como expoentes filosóficos desta época, podem ser citados Locke, Kant, Rousseau e Montesquieu,[23] sendo que este assim se expressa: "Las leyes, en su significación más extensa, no son más que las relaciones naturales derivadas de la natureza de las cosas; y em neste sentido, todos los seres tienen sus leyes: la divindad tiene sus leyes, el mundo material tiene sus leyes, las inteligências superiores al hombre tienen sus leyes". Já no âmbito do direito constitucional mencione-se Leon Duguit e seu festejado *Tratado de direito constitucional*[24].

1.3.1. A evolução dos conceitos de "ação" e de "processo", nesta fase da história do Direito

É importante notar que a partir do desenvolvimento filosófico, que depois veio a alcançar o direito constitucional, começa a ser notado o desenvolvimento paulatino dos conceitos básicos de direito processual.

---

23 *Del espírito de las leyes*, Tomo I, Buenos Aires, Albatroz, 1931, p. 3.
24 *Traité de Droit Constitutionnel*, 2ª ed., Paris, 1923.

A evolução foi percebida por Calamandrei, nas suas *Instituciones*,[25] quando realizou notável estudo sobre a evolução político-social do conceito de ação, no encarte denominado "La relatividad del concepto de accion", com esta dicção: "Cual és, pues, entre varias teorias sobre la acción, la que mejor corresponde a la concepción política sobre, la cual se funda, em neste momento histórico? (...)". E conclui: "És conveniente, ante todo, observar esta inescindible conexión que tiene lugar entre los institutos judiciales y los princípios fundamentales del ordenamiento constitucional".

A observação é verídica. O conceito de ação, a partir da clássica definição de Celso, nas *Institutas*, como sendo: "actio est quam sibi debeatur judicio persequendi", manteve, naquela época, a linha civilista, como se nota da exposição de Garsonet,[26] a seguir transcrita: "la acción no és outra cosa que el derecho mismo que permanece pasivo, por decirlo así, em tanto no és negado, pero se pone em movimiento desde que és desconocido o violado".

Outrossim, a mesma progressão deu-se com o conceito de processo, que nesta época, em torno de 1800, era visto como um contrato por meio do qual as partes convencionavam aceitar a decisão proferida pelo juiz. Este conceito notoriamente de origem civilista teve em Pothier seu grande expoente.

1.3.2. O surgimento e a evolução do direito constitucional e do direito processual no Brasil

No Brasil, a evolução foi cíclica e notória. Na Constituição de 1824, não havia previsão do controle de constitucionalidade outorgada à função judiciária, a defesa da Carta Magna era dada, no art. 15, ao "Poder Legislativo", talvez por influência do direito constitucional francês de então.

---

25 *Instituciones de derecho procesal civil*, vol. I, Buenos Aires, Ejea, 1943, p. 253.

26 *Traité de procedure civile*, Tomo I, p. 484, citado por Eduardo Pallares, *Derecho procesal civil*, 7ª ed., México, Porrúa, 1978, p. 209.

Existia a bizarra figura do "Poder Moderador" atribuído ao imperador, na modalidade de "Quarto Poder", fato que passou despercebido aos historiadores do Direito e em nossa opinião consiste em tentativa de evolução ou involução da clássica teoria dos "Três Poderes" de Montesquieu.

Note-se que há resquício do poder moderador na Constituição Federal de 1988, quando se atribui o poder de "veto" ao presidente da República (art. 84, V). É a notícia que nos traz Sálvio de Figueiredo Teixeira,[27] quando escreve: "a Carta Constitucional de 1824, no seu art. 15, confiou a sua guarda ao Legislativo, não atribuindo consequentemente ao Poder Judiciário a fiscalização da constitucionalidade".

O Regulamento 737, de 1850, então vigente, silenciava totalmente sobre o tratamento processual do controle de constitucionalidade difuso, pela função judiciária, mesmo porque, naquela época, não se falava ainda na matéria com esta configuração que possui no momento jurídico atual.

No Brasil, já em 1930, o clássico João Monteiro mantinha seu conceito de ação nesta linha, ou seja, com fundamento civilista, nestes termos: "Acção (*actio juris*) é a reação que a força do direito oppõe à acção contraria (*violatio juris*) de terceiro; é um movimento de reequilíbrio; é um remédio".[28]

Circunstância que demonstra o descompasso evolutivo, sob aspecto científico, do direito constitucional e do direito processual brasileiros, com o respectivo direito constitucional e processual europeus, pois enquanto na Europa já se sustentavam direitos constitucionais de segunda geração, com sua tutela, no Brasil os conceitos de direito constitucional e de direito processual ainda estavam vinculados aos direitos constitucionais de primeira geração.

---

[27] *Controle da constitucionalidade no Brasil e em Portugal*, Revista de Direito Público 28/18.

[28] *Programma do Curso de Processo Civil*, São Paulo, Acadêmica, 1930, p. 73.

1.4. Direitos constitucionais de segunda geração e sua garantia processual

Passa, em segundo momento histórico, o direito constitucional a admitir a existência do Estado Social, também chamado de Estado do Bem-Estar Social, cujo nascimento se deu com os movimentos operários ligados, também, ao crescimento da pobreza, da criminalidade e associados ao surgimento e proliferação de correntes socialistas de pensamento.

O Estado Social que protegia os direitos constitucionais de segunda geração, ou seja, os direitos coletivos e os direitos sociais, assim identificados como direito à saúde, direito à escola, direito à previdência, direito ao trabalho.

Tem-se como expoente desta fase do direito constitucional Santi Romano,[29] com sua obra "Princípios de direito constitucional geral".

O direito processual adapta-se à nova realidade social e surgem as ações trabalhistas, o mandado de segurança coletivo, as ações civis públicas, as ações populares, as ações previdenciárias.

Os filósofos que embalaram a modificação foram Engels, Hegel e Marx,[30] este marcou época lecionando: "A luta entre o capitalista e o assalariado remonta à própria origem do capital. Ela foi arrebatadora durante todo o período manufatureiro. Mas durante o período da manufatura a divisão do trabalho é tida como meio de substituir operários que não existiam e não de substituir a mão-de-obra" (...) E conclui: "A finalidade do aperfeiçoamento das máquinas é diminuir o trabalho manual ou completar um elo na cadeia de produção da fábrica, substituindo aparelhos humanos por aparelhos de ferro".

O conceito de ação, de sua origem de direito privado evolui, e então chegando a Adolph Wach,[31] em 1865, com sua "ação como pre-

---

29 *Princípios de direito constitucional geral*, edição brasileira, São Paulo, Revista dos Tribunais, 1977.

30 *O capital*, Vol. I, Cap. 13, Rio, Zahar Editores, 1969, p. 5.

31 *La pretensón de declaración*, Buenos Aires, Ejea, 1937, p. 40.

tensão de proteção do direito", já com direção pública, mas concretista, pois ligada à procedência do pedido.

1.4.1. A evolução do conceito de "ação" e de "processo", neste momento histórico

Wach, em sua secular obra "Der Feststellungsanpruch", cuja tradução para o espanhol é "La pretensión de declaración", e, em vernáculo ousamos traduzir como "A ação declaratória", fez história pontificando o conceito de ação, como "la pretensíon de protección del derecho, o, como suele decirse también, em forma demasiado limitada, el derecho de accionar judicialmente".

Passados alguns anos este conceito foi desenvolvido e ampliado por Chiovenda,[32] e apresentado em palestra na Universidade de Bolonha, em 3 de fevereiro de 1903, como sendo: "la acción como derecho de obrar correspondiente al particular para la defensa de aquele derecho no satisfecho", foi depois desenvolvido para o conceito que veio à lume em seus Princippi,[33] nestes termos: "l'azione é il potere giuridico di porre in essere la condizione per l'attuazione della volontà della legge".

O conceito primitivo de ação de Adolph Wach, ampliado por Chiovenda, foi remodelado pelo processualista alemão James Goldschmidt,[34] no seu festejado compêndio "Derecho procesal civil" para: "la acción procesal o pretensíon de tutela jurídica".

De forma quase paralela, Degenkolb, na Alemanha, em 1877, no clássico "Einlassugszwang und urteilsnorm",[35] na Hungria, em 1880, no elogiado "Beitrage zur theorie des klagerechts",[36] que se traduz

---

32 *La acción em el sistema de los derechos*, Bogotá, Temis, 1986, p. 4.

33 *Princippi di diritto processuale civile*, Napoli, Jovene, 1980, p. 45.

34 *Derecho procesal civil*, 2ª ed., Barcelona, Labor, 1936, p. 2.

35 O título traduz-se para o português como "Intervenção coativa e força normativa da sentença".

36 Título traduzido como "Contribuição à teoria da ação".

em vernáculo, desenvolviam a teoria da ação como direito público, autônomo e abstrato.

O desenvolvimento conceitual chegou em 1936, na Itália, com o genial Carnellutti e seu "Sistema di diritto processuale civile"[37], no qual patenteia: "L'azione è attivitá squisitamente giuridica, in quanto si resolve in uma serie di atti, che producono conseguenze di diritto".

Segundo Humberto Cuenca,[38] este conceito de ação, de fundamento processual, como direito público, autônomo e abstrato, alcançou até o mundo socialista, esclarecendo seus limites, quando leciona: "la acción, como poder público popular, según la idea socialista, no puede ser aislada de los factores sociales, economicos, políticos y culturales que influyen poderosamente en la vida del derecho. La acción, en occidente, se ha convertido en instrumento de lucha para proteger los intereses de la burguesia, mientras en el mundo socialista es un medio accesible a las masas para mantener la legalidad revolucionaria y defender derechos de la clase trabajadora".

O processo, então, depois das concepções barbáricas, ligando-o ao conceito de contrato, passa a ser visto como relação jurídica processual, a partir da obra de Oskar von Bulow, cognominada de "La teoria de las excepciones procesuales y los presupuestos procesales", de 1868.

A natureza jurídica do processo como relação jurídica processual foi visualizada, sem nitidez processual, por Hegel, em sua "Filosofia del diritto", no parágrafo 212, como sendo: "Supuesta la identidad entre el ser en si y el ser dado, constituye el aspecto de la existencia, el cual puede intervenir también la accidentalidad del capricho y de toda otra particularidad; lo que es ley en su contenido ser también distinto de lo que es justo em si", de acordo com nossa visão a doutrina de Chiovenda.[39]

---

37 *Sistema di diritto processuale civile*, Vol. I, Padova, Cedam, 1936, p. 361.

38 *Derecho procesal civil*, Tomo I, Caracas, Univ. de Venezuela, 1976, p. 153.

39 *Principii di diritto processuale civile*, Napoli, Jovene, 1930, p. 89, nota 2.

1.4.2. O nascimento do controle de constitucionalidade no Brasil

O controle de constitucionalidade no Brasil iniciou-se com a Constituição de 1824, no entanto, naquela oportunidade, já mencionada no item 1.3.2, a guarda da Constituição era atribuição da função legislativa, portanto sem a intervenção da função judiciária. É o que se depreende da lúcida doutrina de Sálvio de Figueiredo Teixeira,[40] "a Carta Constitucional de 1824, no seu art. 15, confiou a sua guarda ao Legislativo, não atribuindo consequentemente ao Poder Judiciário a fiscalização da constitucionalidade".

Como supedâneo da função judicial, o surgimento do controle de constitucionalidade ocorreu com a Constituição de 1891, que em seu art. 59, § 1º, atribuiu ao Supremo Tribunal Federal a competência para declaração de inconstitucionalidade.

A disciplina processual do incidente constava de seu Regimento Interno e depois da Lei 221, de 20.11.1894. Confirma o nosso raciocínio o escólio de Celso Agrícola Barbi,[41] quando assevera: "na denominada Constituição Provisória de 1890, art. 58, § 1º, *a* e *b*, ao ser regulada a competência do Supremo Tribunal Federal, admitiu-se a possibilidade de ser examinada a constitucionalidade de leis e atos do poder público" (...) e termina: "A Constituição de 24 de fevereiro de 1891 reproduziu no art. 59, § 1º, *a* e *b*, as ideias da provisória de 1890".

Com a Constituição de 1934, mantiveram-se as regras do controle difuso (art. 76, *a* e *b*), houve evolução substancial do controle de constitucionalidade, quando se admitiu a ação direta de inconstitucionalidade interventiva (art. 7º, I).

Já no art. 91 da mesma Constituição, atribuia-se ao Senado o poder para suspender a execução da lei declarada inconstitucional. Seu art. 113 trouxe a lume a figura do mandado de segurança indivi-

---

40 *Controle da constitucionalidade no Brasil e em Portugal*, Revista de Direito Público 28/18, São Paulo, Revista dos Tribunais.

41 *Evolução do controle da constitucionalidade*, Revista de Direito Público 4/34, São Paulo, Revista dos Tribunais.

dual e no art. 179 criou-se o "*quorum* qualificado" para declaração de inconstitucionalidade nos tribunais. Confirma nosso pensamento a doutrina de Ada Pellegrini Grinover, quando leciona: "pode haver suspensão da execução da lei declarada inconstitucional pelo Poder Legislativo. O que era incontroverso, a partir da Constituição de 1934 — que introduziu o instituto da suspensão, pelo Senado, da execução da lei ou ato declarados inconstitucionais — ficou ainda mais claro na Constituição de 1988".

Na Constituição de 1937, houve flagrante retrocesso do controle de constitucionalidade, pois fora excluída de seu texto a figura processual do mandado de segurança e atribuída a possibilidade de a lei declarada inconstitucional pelo Judiciário ser aplicada, a partir de reexame da matéria, pelo Congresso Nacional.

A iniciativa do reexame era do chefe da função executiva e se aquele lograsse êxito pela aprovação por voto de 2/3 do Congresso Nacional, passaria a ter vigência e aplicação plenas pela função judiciária, a lei ordinária ou ato normativo equivalente, que esta mesma função declarara inconstitucional anteriormente.

A novidade era parte integrante do parágrafo único do art. 96 da Constituição de 1937,[42] que se transcreve a seguir: "Art. 96 (...) Parágrafo único. No caso de ser declarada a inconstitucionalidade de uma lei que, a juízo do Presidente da República, seja necessária ao bem-estar do povo, à promoção ou à defesa de interesse nacional de alta monta, poderá o Presidente da República submetê-la novamente ao exame do Parlamento; se este a confirmar por dois terços de votos em cada uma das Câmaras, ficará sem efeito a decisão do Tribunal".

Fato que em nossa opinião consistiu em clara hipótese de usurpação de poder, por uma das funções do Estado Federal (no caso a Executiva) de exercitar mister atribuído à outra (função judiciária), qual seja, a de rever ou executar seus julgados pelos procedimentos adequados e previstos em lei.

Trata-se do primeiro caso, segundo pensamos, de relativização da coisa julgada, em território brasileiro, inclusive com disciplina

---

42 *Constituição da República Federativa do Brasil de 1937*, art. 96, parágrafo único.

constitucional, situação que demonstra a velhice da tese, que alguns autores, equivocadamente, chamam de manifestações atuais do direito processual pós-moderno.

O Código de Processo Civil então vigente, datado de 1939, não disciplinava o tratamento processual do controle de constitucionalidade difuso, e ainda possuía um dispositivo constante de seu art. 319 que impedia a impetração de mandado de segurança contra atos do Presidente, Governadores, Ministros de Estado e interventores via de mandado de segurança, com as letras que a seguir se transcreve: "Art. 319. Dar-se-á mandado de segurança para defesa de direito certo e incontestável, ameaçado ou violado por ato manifestamente inconstitucional, ou ilegal, de qualquer autoridade, salvo do Presidente da República, dos Ministros de Estado, Governadores e Interventores".[43]

Na Constituição de 1946, o mandado de segurança volta a ter previsão constitucional, cria-se a ação direta de inconstitucionalidade de lei ou ato normativo, com titularidade ativa circunscrita ao Procurador-Geral da República (por meio do art. 2º da Emenda Constitucional 16, de 26.11.1965, que modificou o art. 101, I, *k*), sem esquecer que já existia a ação direta de inconstitucionalidade interventiva.

Digna de menção é a doutrina de Dirceo Torrecillas Ramos, "A Emenda n. 16 de 1965 deu ao controle por via de ação a amplitude que tem hoje, na Constituição. O Supremo Tribunal Federal tem competência para declarar a inconstitucionalidade de lei ou de ato de natureza normativa, estadual e federal, em ação direta, proposta pelo Procurador-Geral da República, ação essa cujo objeto é a declaração de inconstitucionalidade em tese, independentemente de lesão a direito individual".

---

43 Art. 319 do Decreto-lei 1.608, de 18.09.1939, ou seja, do Código de Processo Civil de 1939.

Nesta fase o grande expoente do direito constitucional brasileiro era Pontes de Miranda,[44] em seus *Comentários à Constituição de 1946*.

A Constituição de 1967/1969 representa uma significativa paralisia no desenvolvimento do controle de constitucionalidade, a partir do momento em que o "governo revolucionário" suprime a atuação da função judiciária contra quaisquer atos da Revolução de 1964, no art. 181 de suas Disposições Transitórias, com estas disposições:

> Art. 181. Ficam aprovados e excluídos de apreciação judicial os atos praticados pelo Comando Supremo da Revolução de 31 de março de 1964, assim como: I — os atos do Governo Federal, com base nos atos de Ministros Militares e seus efeitos, quando no exercício temporário da Presidência da República, com base no Ato Institucional n. 12, de 31 de agosto de 1969; II — as resoluções, fundadas em Atos Institucionais das Assembleias Legislativas e Câmaras Municipais que hajam cassado mandatos eletivos ou declarado o impedimento de governadores, deputados, prefeitos e vereadores quando no exercício dos referidos cargos; e III — os atos de natureza legislativa expedidos com base nos Atos Institucionais e Complementares indicados no item I.

Muito embora fosse mantida a estrutura do controle de constitucionalidade, delineada pelas Constituições anteriores, com a limitação acima mencionada, e com sujeição a diversas Emendas Constitucionais, que, de maneira direta ou indireta, culminaram com o surgimento da Constituição de 1988, a partir do movimento popular denominado "Diretas já", fundado em projeto de lei de autoria do Deputado Federal Dante de Oliveira, que não logrou ser aprovado, no Congresso Nacional.

Circunstância que demonstra de forma clara a quebra do princípio da plenitude da jurisdição, já que o art. 153, § 4º, da Constituição de 1967 o prevê, muito embora mutilado pela teoria da jurisdição administrativa, com a qual em hipótese nenhuma concordamos.

Em tese, está presente a figura vislumbrada de Otto Bachof, qual seja, a norma constitucional inconstitucional, já que o dispositivo constitucional em comento assegura direito constitucional fun-

---

44 *Comentários à Constituição de 1946*, Tomo IV, 3ª ed., Rio, Borsoi, 1960.

damental e o art. 181 das Disposições Constitucionais Transitórias o suprime, em parte. Sob nossa ótica e trazendo à colação os comentários que fazemos sobre a matéria no item 2.4, desenvolvido adiante, acreditamos não se tratar de normas constitucionais inconstitucionais, já que ambas foram promulgadas ao mesmo tempo; trata-se de normas da mesma categoria, em razão da natureza do documento no qual se inserem, de sorte que a primeira não tem o condão de inconstitucionalizar a última.

1.4.3. O desenvolvimento do conceito de ação no Brasil

Em 1937, em plena ditadura de Getúlio Vargas, Guilherme Estelita,[45] na primeira edição de seu *Direito de ação e direito de demandar*, identifica de forma clara o direito de demanda de fundamento constitucional, portanto irrestrito, e o direito de ação de base processual, quando leciona: "Daí, a necessidade de conceder a ordem jurídica a todos e quaisquer possíveis titulares de direitos subjetivos, o poder de demandar, mediante cujo exercício poderá ser apurada e da maneira mais própria, a existência do direito pretendido pelo autor".

O conceito abstrato de ação chega ao Brasil em 1947, com Lopes da Costa,[46] quando assevera: "direito de exigir, que o órgão a quem o Poder Público confiou a tarefa de dirimir tais conflitos, examine a legitimidade da pretensão".[47]

Em 1958, Frederico Marques,[48] com suas *Instituições*, sinaliza a existência de um direito de ação de base constitucional, não sujeito a qualquer condição.

---

45 *Direito de ação e direito de demandar*, 2ª ed., Rio, Livraria Jacinto Editora, 1942, p. 127.

46 *Direito processual civil*, 2ª ed., Vol. I, Rio, Konfino, 1947, p. 54.

47 Merece registro o fato de que Lopes da Costa foi o primeiro estudioso da Escola de Processualistas Mineiros a trabalhar com os conceitos advindos do Direito Processual Civil Alemão.

48 *Instituições de direito processual civil*, Vol. II, Rio, Forense, 1958.

Enrico Tullio Liebman, em 1968, desenvolve o conceito de ação como o direito de provocar o julgamento do pedido, que, na verdade, se trata de teoria eclética que imiscui fundamentos da teoria concreta da ação e da teoria abstrata da ação, lecionando, assim: "Ma l'azione, sebbene astratta, non è affatto genérica, al contrario essa si riferisce ad una fattispecie determinata ed esattamente individuata ed inoltre idonea a divenir oggetto dell'attività giurisdizionale dello Stato".

Surge o Código de Processo Civil de 1973, sob influência da "Teoria eclética de Liebman", apenas com o tratamento do controle de constitucionalidade difuso, em segundo grau de jurisdição, em seus arts. 480 a 482, sem previsão para o tratamento processual da matéria em primeiro grau de jurisdição.

Comentando a inovação à época, Marcos Afonso Borges,[49] em seus "Comentários ao Código de Processo Civil", esclarece: "O problema será apresentado ao órgão colegiado que estiver julgando o processo, a fim de que manifeste acerca do acolhimento ou não da alegação. Este órgão, que pode ser a câmara, turma, grupo de câmaras e câmaras cíveis reunidas, não tem competência para decidir sobre a inconstitucionalidade. Só a tem o tribunal pleno (art. 481)".

Dignos de menção, neste estudo, são alguns retrocessos no tratamento do direito constitucional de ação, que vieram a lume neste período, e são representados por alguns diplomas legais, sem nenhuma constitucionalidade, por infração ao princípio da inafastabilidade da jurisdição, segundo pensamos, quais sejam:

a) a Lei 2.770, de 04.05.1956, impede a concessão de liminares em mandado de segurança com o propósito de obter liberação de mercadorias de origem estrangeira;

b) a Lei 4.348, de 26.06.1964, impede a concessão de liminar em mandado de segurança que objetive favorecimento a servidores públicos, sob aspecto pecuniário;

c) no mesmo diapasão é a Lei 5.021, de 09.06.1966, que autoriza o pagamento de vencimentos e vantagens pecuniárias que ven-

---

49 *Comentários ao Código de Processo Civil*, Vol. II, São Paulo, Leud, 1975, p. 173.

cerem apenas depois da distribuição da inicial do mandado de segurança.

1.5. Direitos constitucionais de terceira geração e a evolução do processo para sua efetividade

Os direitos constitucionais de terceira geração surgem com o Estado democrático de direito, que vem a lume a partir da crise do petróleo que ocorreu nos anos 1970, ponderada também a evolução circunstancial causada pelo desenvolvimento da informática.

Os direitos constitucionais de terceira geração têm como enfoque, sem esquecer os outros direitos constitucionais já conquistados, os chamados direitos difusos, identificados como aqueles de conflituosidade abrangente e indeterminados, quanto a seu raio de alcance, que podem ser identificados como: direito ao meio ambiente, direito do consumidor, direito da criança e do adolescente, direito ao patrimônio histórico e direito do idoso.

A proteção processual desses direitos obtém-se por meio das ações, cognominadas pela doutrina de ações coletivas, cuja legitimidade processual é ampliada ao Ministério Público, às associações civis com mais de um ano de funcionamento, com o objetivo pontual de exercer as ações específicas relacionadas no Código de Defesa do Consumidor, no Estatuto da Criança e do Adolescente. Como expoente de direito constitucional desta fase merece ser citado Jorge Miranda,[50] com seu festejado "Manual de direito constitucional".

A base filosófica do pensamento desenvolve-se com Dworkin, Gadamer e Habermas,[51] sendo que o último, em com seu compêndio "Pensamento pós-metafísico", colecionou diversos adeptos lecionando: "O conceito do agir comunicativo desenvolve a intuição de que à linguagem é inerente o 'telos' do entendimento. O entendimento é um conceito repleto de sentido normativo que ultrapassa o âmbito da compreensão de uma expressão gramatical. Um locutor coloca-se

---
50 *Manual de direito constitucional*, Coimbra, Coimbra, 1988.
51 *Pensamento pós-metafísico*, Coimbra, Almedina, 2004, p. 89.

com outros de acordo sobre um assunto. Ambos os lados só podem alcançar um tal consenso se aceitarem os enunciados como adequados aos factos em apreço".

1.5.1. O conceito "pós-moderno" de ação

O conceito "pós-moderno" de ação agora é vinculado ao direito constitucional, sem qualquer amarra ao direito privado e ultrapassada que fora também a fase de vinculação da ação abstrata jungida ao direito processual.

A ação passa a ser atribuída a toda pessoa como direito inerente à personalidade, e atribuído a todos os sujeitos de direito como forma de garantia de direitos fundamentais, de forma totalmente incondicionada.

Direitos fundamentais que foram conceituados por Fix-Zamudio como sendo: "La denominación de 'garantias individuales' es de carácter tradicional y cristalizó em numerosos ordenamientos constitucionales de Latinoamérica devido a influencia de las cartas francesas de caráter revolucionário". E termina: "pues como lo ha hecho notar atinadamente el constitucionalista argentino Carlos Sánchez Viamonte, no encontramos esta idea de las garantias em los textos angloamericanos, particularmente de los Estados Unidos".[52]

Mencione-se, a bem da cientificidade do trabalho, que Adolph Wach,[53] em 1865, identificou de forma clara ação, conceituando-a como pretensão do direito e direito de demandar, como faculdade de direito público pertencente a qualquer um, com estas letras: "Pero ella tampoco es aquella facultad, del derecho público, de demandar, que compete a cualquiera que, dentro de las formas establecidas y con fundamento jurídico, sostenga uma pretensión de protección del derecho".

---

52 *Constitución, proceso y derechos humanos: Latinoamerica*, México, Porrúa, 1988, p. 55.

53 *La pretensión de declaración*, Buenos Aires, Ejea, 1956, p. 39.

Georg Jellineck,[54] em Heidelberg, no ano de 1892, tornou pública sua célebre obra "System der subjektiven offentlichen rechte", quando, para justificar a existência de um direito público subjeito, lecionou: "Verhalt es sich so, dann scheint Anspruch auf Theilnahme am Staate, ein Anspruch auf staaltliche Organschaft ausgeschlossen. Die Existenz dessen, was man in engeren Sinne als politische Rechte zu beneichnnen pflegt, ware juristisch unmoglich. Alles, was dem popularen Denken als Individualrecht auf diesem Gebiete sich darstellt, ware Relex objektiven Rechtes, nicht subjektives Recht".[55]

Este tratadista alemão valeu-se do conceito de direito subjetivo depurado da disputa doutrinária que erigiu entre Savigny e Ihering.

O conceito de direito subjetivo foi magistralmente apresentado por Paul Roubier,[56] quando esclarece: "Cette question a été longtemps dominée par une opposition entre deux doctrines: l'une pour laquelle la volonté du titulaire était l'élément essentiel du droit subjectif, le droit subjectif étant essentiellement 'um pouvoir de la volonté', et l'autre pour laquelle l'élément essentiel du droit subjectif devait être cherché dans l'objet, le droit étant pour elle 'um intérêt juridiquement protege'. La première théorie est rattachée au nom de Savigny, tandis que la seconde a été développée par Jhering".[57]

---

54 *System der subjektiven offentlichen rechte*, Freiburg, Akademische Verlagsbuchhandlung, 1892, p. 133. Há edição italiana com o título *Sistema dei Diritti Publici Subbjettivi*, p. 137 e 138, tradução italiana de G. Vitagliano, Milano, Società Editrice Libraria, 1912.

55 "Quando o presidente ou um parlamentar promulgam uma lei e a população não a aprova e não possui instrumentos de diálogo com os parlamentares, esta lei não tem aplicação social, porém continua vigente."

56 *Droits subjectifs et Situations Juridiques*, Paris, Dalloz, 1963, p. 67.

57 Esta questão dominou, longamente, uma oposição entre duas doutrinas: para uma delas, a vontade do titular é elemento essencial do direito subjetivo, ou seja, o direito subjetivo é essencialmente um poder da vontade. Para outra corrente, o elemento essencial do direito subjetivo deve estar dentro do objeto, ou seja, o direito é um interesse juridicamente protegido. A primeira teoria foi elaborada por Savigny e a segunda desenvolvida por Ihering.

O festejado tratadista Georg Jellineck, em seu "Sistema de direitos públicos subjetivos", conceituou a ação como direito público e subjetivo, emanado do *status civitatis*, exercido contra o Estado para exigir deste uma prestação jurisdicional, segundo as evidências indicam, bem ao teor do atual conceito "pós-moderno" de ação de fundamento constitucional.

Confirmando nosso posicionamento a doutrina de Humberto Cuenca: "La teoria de la acción como um derecho cívico tuvo sus mas remotos antecedentes entre los constitucionalistas del siglo pasado para quienes el derecho de acudir a los tribunales no era sino uma forma del derecho de petición consagrada em las Cartas-constitucionales, después dela Revolución Francesa".[58]

No Brasil, em 1937, Guilherme Estelita fez história ao identificar e individualizar o direito de ação e o direito de demandar como amparo de direitos individuais, assim: "Tal é o poder assegurado pela ordem jurídica a todos os membros da comunhão social, indistintamente, para que possam todos, com facilidade e eficácia, defender a manutenção daquelas condições, que a mesma ordem jurídica, inspirada no bem público, reputou merecedoras de amparo e segurança, isto é, os direitos individuais".[59]

O mérito do desenvolvimento deste conceito de ação como direito abstratíssimo de base constitucional, nas Américas, coube, em 1942, ao gênio de Couture,[60] com estes vocábulos: "Si la acción es, por meio del proceso histórico de su formación, un modo de sustituir el ejercicio de los derechos por acto próprio, mediante la tutela por acto de la autoridad; y si esa sustitución solo se realiza a requerimiento de la parte interesada no cabe admitir que esse requerimiento, o mas correctamente, esse poder de requerir, forma parte del poder jurídico de que se halla asistido todo individuo, de acudir ante la autoridad a solicitar lo que considera justo?".

---

58 *Derecho procesal civil*, Tomo I, 3ª ed., Caracas, Ediciones de la Biblioteca, 1976, p. 149.

59 *Direito de ação e direito de demandar*, 2ª ed., Rio, Livraria Jacinto, 1942, p. 119.

60 *Fundamentos del derecho procesal civil*, 3ª ed., Buenos Aires, Depalma, 1997, p. 74.

Depois de alguns anos o posicionamento de Couture foi acolhido por quase todas as Constituições da América Latina, inclusive a brasileira, que em seu art. 5º, XXXV, consagra o princípio da inafastabilidade da jurisdição.

Em 1950, Liebman chegou a sustentar o direito constitucional de ação como suporte do "direito processual de ação", identificando-o.[61] Depois o criticou e refutou, posicionamento que repetiria, depois, em seu "Manuale", em 1968.

Em 1951, Monacciani conceitua a ação como direito concedido ao particular de provocar o funcionamento do mecanismo estatal da jurisdição.[62]

Em 1958, Frederico Marques,[63] no Brasil, esclarece: "No plano jurídico-constitucional, o direito de ação é abstrato, indeterminado e incondicionado".

Eis o que pode ter sido a primeira manifestação expressa do direito de ação de fundamento constitucional e incondicionado, em solo nacional, chamado que é por alguns de direito abstratíssimo de ação, muito embora, linhas adiante, o festejado processualista mantenha o conceito de ação ligado ao direito processual e sujeito às condições da ação.

Seguido que foi, em 1973, por Ada Pellegrini Grinover,[64] com a monografia "Garantia constitucional do direito de ação", na qual reitera o posicionamento, neste diapasão: "A própria concepção do direito cívico de ação leva a configurar a tutela constitucional como garantia da possibilidade ilimitada de provocar e de obter o pronunciamento do órgão jurisdicional".

---

61 *L'azione nella teoria del processo civile*, in Revista Trimestrale di Diritto e Procedura Civile, 1950, p. 47-71, e *Manuale di diritto processuale civile*, Milano, Giuffrè, 1968, p. 34-35.

62 *Azione e legitimazione*, p. 87, conforme Frederico Marques, *Instituições*, Rio, Forense, 1958, p. 13.

63 *Instituições de direito processual civil*, Vol. II, Rio, Forense, 1958, p. 13.

64 *Garantia constitucional do direito de ação*, São Paulo, Revista dos Tribunais, 1973, p. 76.

O conceito afasta-se da conceituação eclética de ação, proposta por Liebman, como se percebe de forma clara, de fundamento processual e ligada à teoria das condições da ação.

Em 1975, Fazzalari expõe ao mundo seu conceito de ação vinculada a uma "situação legitimante", com estas letras: "così per 'l'attore' nel processo civile, come per il 'convenuto' e per 'l'interventore', si profila uma 'posizione soggettiva composita' constituita dalle facoltà, daí poteri, daí doveri di ciascuno; per il giudice, si configura un'altrettale posizione, consistente nella serie dei di lui doveri. La posizione composita che fa capo alla parte bem può indicarsi col nome 'azione'".

Por fim, em 1980, o desenvolvimento do conceito de ação, de fundamento político-constitucional, alcança seu apogeu com a ascensão da doutrina do Estado Democrático de Direito, ganhando proporções mundiais, com o movimento alcunhado de "modelo constitucional do processo".

Aquele movimento teve como um dos idealizadores Ítalo Andolina,[65] quando pontificou: "Il diritto di agire in giudizio per ottere la protezione delle proprie posizioni giuridiche di vantaggio si concreta primariamente nel potere di avvalersi dello istrumento técnico-giuridico, attraverso cui viene formato l'atto (giurisdizionale) ed rogatorre della richiesta tutela: tal strumento – inutile dirlo – é il processo".

Em 1995, Pinto Ferreira,[66] com seu "Código de Processo Civil comentado", apresenta seu conceito de ação, neste diapasão: "Ação, como já dissemos, é o direito de invocar a prestação da tutela jurisdicional do Estado", notoriamente, como fundamento abstratíssimo, já na linha do processo constitucional "pós-moderno".

Digna de menção é a elogiável teoria neo-institucionalista do processo, segundo a qual o processo é a conjunção dos princípios do contraditório, isonomia e ampla defesa, como referente lógico-jurídico da procedimentalidade, trazida à apreciação da comunidade cien-

---

65 *Il modelo costituzionale del proceso civile italiano*, Torino, Giappichelli, 1988, p. 67.
66 *Código de Processo Civil comentado*, Vol. I, São Paulo, Saraiva, 1995, p. 22.

Considerações Introdutórias   43

tífica por Rosemiro Pereira Leal,[67] em 1999, com estas letras: "Nessa conjectura, a garantia de direitos pela instituição do PROCESSO CONSTITUCIONALIZADO não decorre mais da autoridade de um Poder Legislativo ou Judiciário comprometido com a administração pública de uma realidade econômico-social extra-ordenamental, mas de um nível histórico-jurídico de uma comunidade política que não mais permitiria retrocessos em seus fundamentos constitucionais de processualização da atividade jurídico-procedimental".

1.5.2. O contraste entre a evolução do controle de constitucionalidade na Constituição brasileira de 1988 e o tratamento da matéria no Código de Processo Civil brasileiro de 1973

O contraste entre a evolução do controle de constitucionalidade na Constituição de 1988 e o tratamento da matéria no Código de Processo Civil de 1973 é flagrantemente desproporcional, pois o controle de constitucionalidade evolui procurando adaptar-se à "pós-modernidade".

O Código de Processo Civil manteve-se intacto quanto à matéria alusiva ao controle de constitucionalidade, em primeiro grau de jurisdição, salvante a introdução ao seu art. 482 e seus §§ 1º, 2º e 3º, por força da edição da Lei 9.868, de 10.11.1999, alcunhada de Ação Direta de Inconstitucionalidade.

Com o direito constitucional brasileiro ocorreu a mesma evolução experimentada nos demais povos civilizados do mundo ocidental. Na Constituição de 1988, o Brasil foi alçado à categoria de Estado Democrático de Direito, com a proteção ilimitada do cidadão e o acesso irrestrito, pelo menos de forma teórica ao controle de constitucionalidade e à Justiça.

O controle de constitucionalidade progrediu com o surgimento da ação de inconstitucionalidade por omissão no art. 103, § 2º, da

---

[67] *Teoria geral do processo*, Porto Alegre, Síntese, 1999, p. 95-96.

Constituição Federal de 1988. Das ações declaratórias de constitucionalidade e de inconstitucionalidade (art. 102, I), do mandado de injunção (art. 5º, LXXI) e do *habeas data* (art. 5º, LXXII), na mesma Carta Constitucional.

Houve também o surgimento da arguição de descumprimento de preceito fundamental, que era prevista pelo art. 102, § 1º, da Constituição Federal de 1988, que foi disciplinada pela Lei 9.882, de 03.12.1999.

Deve ser mencionada também a existência de retrocessos no tratamento da matéria, como os que ocorreram por ocasião do Plano Collor, quando foi editada a Lei 8.437, de 30.06.1992, proibindo a concessão de liminares que esgote no todo ou em parte o conteúdo da demanda.

Em tempo mais recente, durante o governo Fernando Henrique Cardoso, ocorreu a edição da Medida Provisória 2.180-35, de 24.08.2001, que acrescentou o parágrafo único ao art. 1º da Lei 7.347/85 (Lei de Ação Civil Pública), limitando o exercício do direito de ação, no bojo de ação civil pública, cuja pretensão seja: a) tributos; b) contribuições previdenciárias; c) Fundo de Garantia do Tempo de Serviço; d) outros fundos de natureza institucional, cujo beneficiário possa ser individualmente beneficiado.

O conceito de ação no Brasil acompanha a mesma tendência, com José Marcos Rodrigues Vieira,[68] "ação é o direito ao julgamento do pedido, conforme o estado do processo".

Na mesma linha era nossa conceituação proferida em 2001,[69] "direito público, de base constitucional, que possui a parte ativa da relação jurídica processual de acionar o poder judiciário para solucionar a demanda deduzida em juízo", constante daquela obra.

O controle de constitucionalidade na modalidade difusa, no bojo da Constituição Federal de 1988, evoluiu com a inclusão do

---

68 *Da ação cível*, Belo Horizonte, Del Rey, 2004, p. 44.

69 *Ação declaratória*, São Paulo, Juarez de Oliveira, 2001, p. 20.

Considerações Introdutórias 45

mandado de segurança coletivo (art. 5º, LXX), e do *habeas data* (art. 5º, LXXII).

Igual evolução foi experimentada na modalidade de controle de constitucionalidade judicial, pelo método concentrado, onde foram criadas a ação declaratória de constitucionalidade e a ação declaratória de inconstitucionalidade, conforme o art. 102, I, *a*, da Constituição Federal. Sob aspecto processual, aquelas foram regulamentadas pela Lei 9.868, de 10.11.1999.

O controle de constitucionalidade difuso, na modalidade incidental, com titularidade a qualquer interessado, foi mantido, sem qualquer menção ao meio processual adequado para o seu exercício.

O Código de Processo Civil de 1973 manteve-se inalterado no que diz respeito ao tratamento processual do controle de constitucionalidade difuso, em primeiro grau de jurisdição, com o tratamento da matéria apenas em segundo grau de jurisdição.

A Lei 9.868/99 acrescentou parágrafos ao art. 482 do Código de Processo Civil, que disciplina o procedimento do incidente de declaração de inconstitucionalidade, em segundo grau de jurisdição, atribuindo às pessoas jurídicas de direito público responsáveis pela produção da norma o direito de se manifestar no incidente.

Igual oportunidade fora concedida ao Presidente da República, às Mesas do Senado Federal, da Câmara dos Deputados, da Assembleia Legislativa dos Estados ou da Câmara Legislativa do Distrito Federal, Governadores de Estado e do Distrito Federal, ao Procurador-Geral da República, ao Conselho Federal da Ordem dos Advogados do Brasil, partido político com representação no Congresso Nacional, confederação sindical ou entidade de classe de âmbito nacional.

Bem assim a manifestação de outros órgãos ou entidades, ponderada a relevância da matéria e a representatividade do requerente, a juízo do Relator do incidente de inconstitucionalidade.

1.5.2.1 A limitação da legitimidade ativa ao cidadão para o ajuizamento da arguição de descumprimento de preceito fundamental

Quando da promulgação da Lei 9.882, de 03.12.1999, o então Presidente da República, Fernando Henrique Cardoso, vetou o inciso II de seu art. 2º, que atribuía legitimidade para o exercício da ação de arguição de descumprimento de preceito fundamental ao cidadão.

Nas razões do veto, argumentou-se que a ampliação da legitimidade ativa para a demanda era incompatível como o controle de constitucionalidade judicial, na modalidade concentrada, imaginado por Kelsen, em 1934.

Como também que o acesso irrestrito e incondicionado do cidadão ao novel instituto provocaria uma avalanche de ações constitucionais da espécie junto ao Egrégio Supremo Tribunal Federal, dificultando o funcionamento do Pretório Excelso.

Triste é a observação que o Estado Democrático brasileiro, inaugurado pela Constituição brasileira de 1988, limitou o acesso do cidadão ao controle de constitucionalidade ilimitado por entender que a medida não se adptaria à modalidde de controle de constitucionalidade concentrado, esquecendo-se que o nosso controle de constitucionalidade já é eclético, misturando institutos do controle concentrado de índole kelsiana com o modelo difuso de origem norte-americana, bem assim pelo acréscimo de demandas que tramitariam pelo Supremo Tribunal Federal, com titularidade específica e restrita com o propósito específico de questionamento direto da inconstitucionalidade de lei ordinária ou ato normativo, em tese.

1.5.2.2 O instituto da repercussão geral das questões constitucionais para admissibilidade do recurso extraordinário

A Emenda Constitucional 45, de 08.12.2004, introduziu no ordenamento constitucional brasileiro a nova redação de seu art. 102, introduzindo seus §§ 2º e 3º.

Sendo que a redação que se deu ao § 3º do art. 102 da Constituição Federal institui novo requisito de admissibilidade para ajuizamento e processamento do recurso extraordinário, qual seja, a prova de existência de "repercussão geral" da questão constitucional debatida no recurso extremo.

A repercussão geral, na verdade, constitui na prova de que a matéria constitucional objeto de impugnação diga respeito à generalidade da população brasileira e não apenas influa, individualmente, na situação jurídica do recorrente.

Na verdade, em nosso juízo, o instituto da repercussão geral constitui um obstáculo de difícil transposição para o cidadão brasileiro comum, que, no exercício do direito constitucional de ação incondicionado e valendo-se do imperativo do princípio da inafastabilidade da jurisdição, queira em pleno Estado Democrático de Direito, adotado pelo art. 1º da Constituição Federal brasileira, tentar aviar um recurso extraordinário para a defesa do direito que entende possuir e deseja ser julgado.

1.5.2.3 As razões do cabimento da ação declaratória incidental de inconstitucionalidade

Resta clara, patente, reluzente a existência de um vácuo no tratamento processual do controle de constitucionalidade do Brasil, em primeiro grau de jurisdição, para disciplina processual do controle difuso, que precisa ser preenchido, visto que o atual modelo, com a denegação de titularidade ativa ao cidadão na arguição de descumprimento de preceito fundamental, por meio de veto presidencial (art. 2º, II, *d*, Lei 9.882/99), e com a inserção do instituto da repercussão geral, como requisito de admissibilidade do recurso extraordinário — art. 102, § 3º, da Constituição Federal de 1988 —, dificulta ao máximo o acesso, o exercício do controle de constitucionalidade pelo cidadão brasileiro.

Sai maculado, neste patamar, o Estado Democrático de Direito brasileiro, já que o acesso ao controle de constitucionalidade está fincado de maneira desproporcional no confronto entre a acessibilidade dada ao cidadão e ao Estado brasileiros.

Isto porque, enquanto ao cidadão brasileiro não é concedida uma ação específica para controle de constitucionalidade difuso, ao Estado brasileiro são concedidas diversas ações para o tratamento do controle de constitucionalidade no modelo concentrado com o mesmo objetivo.

Coerente com o nosso posicionamento está Keith S. Rosenn,[70] professor da Faculdade de Direito da Universidade de Miami, quando exorta: "Historicamente, a proteção judicial dos direitos constitucionais no Brasil, assim como em outros países da América latina, tem sido ineficaz por causa da ausência de mecanismos processuais rápidos e efetivos".

No mesmo patamar, José Rubens Costa,[71] quando leciona: "O Código (arts. 480 e 481) disciplina o controle incidental ou difuso junto aos tribunais. Não há normas especiais quanto ao exame pelos juízes de primeiro grau".

Não distoa o escólio de J. J. Calmon de Passos:[72] "É dessa ótica que vejo o espetáculo montado para levar ao grande público a opereta dos direitos humanos, dos direitos fundamentais, civis, políticos e sociais, protegidos por cláusulas pétreas, para que todos saibam que elês têm resistência (...)". E termina: "Quisemos acentuar, sim, a falácia dessas proclamações quando desassistidas da vontade social e política que efetivamente as institucionaliza".

Postos estes pontos, passamos a nos desincumbir de nossa missão, qual seja, propor um tratamento processual específico para o controle de constitucionalidade difuso, na modalidade incidental, em primeiro grau de jurisdição, já que demonstramos a existência

---

70 *O controle da constitucionalidade no Brasil: desenvolvimentos recentes.* RDA 227/1, Rio, FGV, 2002.

71 *Controle difuso e concentrado de constitucionalidade.* RDA 225/45, Rio, FGV, 2001.

72 *Tutela jurisdicional das liberdades.* Revista de Processo 90/85, São Paulo, Revista dos Tribunais.

de uma lacuna processual verificada entre o confronto do Código de Processo Civil brasileiro de 1973 e a Constituição Federal do Brasil de 1988.

Situação que fora percebida por Miguel Montoro Porto,[73] também no tratamento da matéria na Espanha: "No obstante la trascendencia de los procesos constitucionales, particularmente de aquellos que de forma directa ou indirecta son medios de verificación constitucional de las normas, nuestro ordenamiento positivo carece de ley procesal em sentido estricto".

Mister que passamos a desenvolver com a advertência de Calamandrei, no que tange à dificuldade do tema, nestes termos: "Sobre las características procesales de esta prejudicial de inconstitucionalidad, cuya disciplina constituye uno de los aspectos mas singulares y delicados del ordenamiento italiano".

Com referência à compatibilização do controle de constitucionalidade incidental, previsto na Constituição Federal, com o seu tratamento pelo direito processual, pois se trata de um dos pontos mais difíceis da ciência processual na atualidade.

Passaremos a desenvolver, a seguir, a proposta de superação do problema no direito processual brasileiro, demonstrando o cabimento teórico da ação declaratória incidental de inconstitucionalidade, esclarecendo não se tratar em momento algum de versão brasileira da ação popular de inconstitucionalidade, a *popularklage* do processo constitucional alemão.

Sonho do festejado Hans Kelsen, pois em um momento histórico, no qual o Código de Processo Civil brasileiro impõe barreiras ao processamento do recurso extraordinário, consistente na limitação de seu trâmite à presença da chamada repercussão geral.

Isto porque a proposição de uma ação popular constitucional baseada no modelo alemão ou na versão latino-americana, de acordo com o modelo adotado pela Bolívia, seria andar na contra-mão da história processual brasileira e propor uma nova causa de emperra-

---

73 *Jurisdiccion constitucional y procesos constitucionales*, Madrid, Colex, 1991, p. 161.

mento do Judiciário, isso adotada a justificativa do veto presidencial do inciso II do art. 2º da Lei 9.882/99.

O que propomos e submetemos à apreciação da comunidade jurídica, nas páginas que se seguem, por meio da ação declaratória incidental de inconstitucionalidade, é a equiparação do direito de fiscalizar a constitucionalidade das leis, no sistema judicial, pela modalidade difusa e incidental, atribuída pela Carta Constitucional ao cidadão brasileiro, pelo menos em tese, às possibilidades de controle de constitucionalidade na modalidade concreta que se oferece ao Estado brasileiro.

Note-se com a leitura do art. 102, I, *a*, da Constituição Federal brasileira, a disparidade de fiscalização do controle de constitucionalidade das leis, pois enquanto ao Estado brasileiro há à disposição as ações declaratórias de constitucionalidade e de inconstitucionalidade, a ação direta de inconstitucionalidade de lei ou ato normativo, arguição de descumprimento de preceito fundamental, inclusive com imposição de coisa julgada *erga omnes*, ao cidadão brasileiro não se disponibiliza ação específica para o exercício do controle de constitucionalidade no sistema judicial, pela modalidade difusa, em primeiro grau de jurisdição.

As circunstâncias estão a exigir um diálogo entre as modalidades de controle de constitucionalidade, pelo método judicial, via de ação e via de exceção, isto porque:

a) o contraditório, *interpartes*, vinculado à regra dos arts. 480 a 482 do Código de Processo Civil, com limitação da coisa julgada às partes da demanda, nunca servirá à demonstração do pressuposto recursal específico do recurso extraordinário, qual seja, o novel instituto da repercussão geral, em matéria constitucional;

b) o controle de constitucionalidade, na via difusa, já caminha pela regra do art. 285-A do Código de Processo Civil, para a eficácia *ultrapartes*, com a extinção do processo com julgamento de mérito, nos casos de sentenças que tratem de forma repeti-

tiva de declaração de inconstitucionalidade em primeiro grau de jurisdição;
c) a súmula impeditiva de recursos, paradoxalmente, colidiria com o instituto da repercussão geral da causa, eliminando, não raro, a discussão da matéria constitucional, em sede de recurso extraordinário, pela mais alta corte de justiça do Brasil;
d) é forçoso concluir-se pela necessidade de um tratamento intercalar entre os sistemas difuso e concentrado, de modo a propiciar a partir do caso concreto, com a formação da jurisprudência constitucional.

Isto porque, com o contraditório puramente concreto, o cidadão brasileiro deixará de ter acesso ao Supremo Tribunal Federal, em face da exigência de demonstração da repercussão geral, para admissão do recurso extraordinário que, segundo pensamos, dificilmente será demonstrada.

O contraditório puramente abstrato atribui ao Supremo Tribunal Federal, em julgamento puramente político, o tratamento do controle de constitucionalidade concentrado, seja por meio do julgamento da ação direta de inconstitucionalidade de lei ou ato normativo federal, seja por meio da ação declaratória de constitucionalidade ou de inconstitucionalidade, ou ainda pela arguição de descumprimento de preceito fundamental.

É preciso, portanto, romper as duas amarras para o exame do controle de constitucionalidade das leis, quais sejam, a limitação da legitimidade para o ajuizamento de demanda específica pelo cidadão e a prova da existência de repercussão geral para admissibilidade de recurso extraordinário.

Isso porque a matéria constitucional vem sendo objeto de uma delibação, a ponto de se ter de admitir, em termos do direito positivo vigente hoje no Brasil, tomado ao pé da letra, a questão constitucional como não relevante, o que seria um absurdo e uma ofensa ao Estado Democrático de Direito e ao processo pós-moderno.

Por outro lado, já o agravo de instrumento e o recurso extraordinário (o mesmo se diga do recurso especial) ficam retidos, conforme as disposições constantes do direito processual civil vigente, à espera do recurso pertinente à questão de fundo.

Curioso que, apenas por ser incidente, a questão constitucional se veja degradada no processo civil brasileiro hodierno, de questão prejudicial à questão preliminar, sem atribuição de ação específica para provocar o julgamento da matéria, como se o cidadão não pudesse entender que as leis ordinárias ou atos normativos equivalentes são inconstitucionais, impugnando-os de acordo com o devido processo legal, devendo, quieto, inerte, conformar-se com uma suposta ditadura legislativa, sem questioná-la.

Ainda que, por decidida interlocutoriamente, a matéria constitucional esbarre na retenção do recurso, o juízo de relevância, altamente facilitado com o porte da discussão constitucional, erigida em prejudicial, tornar-se-á prioritário, desta forma facilitando o acesso do cidadão ao controle de constitucionalidade das leis, de forma efetiva.

Em conclusão, a ação declaratória incidental de inconstitucionalidade poderá ser adotada como prova da existência da repercussão geral da causa, aí contornando o difícil óbice criado pela reforma processual no campo do recurso extraordinário.

A ação declaratória da qual derivou a demonstração da autonomia do direito de ação, perante o direito material, volta a informar o raciocínio jurídico processual para demonstrar a autonomia da questão constitucional, erigida em questão prejudicial constitucional, para discussão da existência ou inexistência de uma pretensão perante o Estatuto Máximo.

Assim, a ação declaratória incidental de inconstitucionalidade é reclamo inarredável para o aperfeiçoamento da jurisdição constitucional brasileira, minorando as insuficiências das vias processuais tradicionais, para o tratamento do controle de constitucionalidade difuso no Brasil, em face da limitação do acesso do cidadão ao exercício da ação de descumprimento de preceito fundamental, por meio do veto pelo Presidente da República do inciso II do art. 2º da Lei 9.882/99, como também à prova da existência da repercussão geral da questão constitucional como requisito de admissibilidade, objetivo imposto ao processamento do recurso extraordinário, pelo art. 102, § 3º, da Constituição Federal, introduzido que fora pela Emenda Constitucional 45, de 08.12.2004.

Capítulo 2

Controle de Constitucionalidade

2.1. Noções básicas. 2.1.1. Origem do controle de constitucionalidade. 2.1.2. Norma constitucional e norma ordinária. 2.1.3. Classificação das normas constitucionais. 2.1.4. Interpretação das normas constitucionais. 2.1.5. Meios informais de modificação da Constituição. 2.2. A Constituição e seu conceito. 2.2.1. Classificação das Constituições. 2.2.2. Inconstitucionalidade. 2.2.2.1. Inconstitucionalidade material e inconstitucionalidade formal. 2.2.2.2. Inconstitucionalidade por desvio ou excesso de poder legislativo. 2.2.2.3. Inconstitucionalidade por ação e inconstitucionalidade por omissão. 2.2.2.4. Inconstitucionalidade originária e inconstitucionalidade superveniente. 2.2.2.5. Inconstitucionalidade total e inconstitucionalidade parcial. 2.3. Objeto da declaração de inconstitucionalidade. 2.4. Inconstitucionalidade de normas constitucionais. 2.5. Fases da declaração de inconstitucionalidade. 2.6. Efeitos da declaração judicial de inconstitucionalidade. 2.6.1. Efeitos processuais relativos à eficácia da lei. 2.6.2. Efeitos no tempo, quanto à extensão da coisa julgada. 2.6.3. Efeitos da declaração de inconstitucionalidade no direito intertemporal. 2.6.3.1. Revogação do ordenamento jurídico anterior pela Constituição Federal nova. 2.6.3.2. Repristinação do ordenamento jurídico revogado. 2.6.4. Efeitos da declaração de inconstitucionalidade em relação às partes do processo. 2.7. Controle de constitucionalidade em estudo. 2.7.1. Controle de constitucionalidade preventivo e controle de constitucionalidade repressivo. 2.7.2. Controle de constitucionalidade individual e controle de constitucionalidade coletivo. 2.7.3. Controle de constitucionalidade direto e controle de constitucionalidade indireto. 2.8. Objeto do controle de constitucionalidade. 2.9. Sistemas de controle de constitucionalidade. 2.9.1. O sistema político de controle de constitucionalidade. 2.9.2. O sistema judicial de controle de constitucionalidade. 2.9.3. O sistema misto de controle de constitucionalidade. 2.10. O sistema judicial de controle de constitucionalidade, pelo método difuso, em estudo. 2.10.1. A competência para o exercício de constitucionalidade pelo método difuso. 2.10.2. A titularidade para requerer controle de constitucionalidade pelo método difuso. 2.10.3. Tratamento processual da inconstitucionalidade. 2.10.4. Meios processuais de exercício do controle de constitucionalidade judicial utilizando-se o método difuso. 2.10.5. Efeitos da sentença que julga a inconstitucionalidade pelo método difuso. 2.10.6. Natureza jurídica da sentença que julga a inconstitucionalidade no método difuso. 2.10.7. Reflexos da declaração de inconstitucionalidade de lei, pelo método difuso, na manutenção da coisa julgada. 2.10.8. Reflexos da declaração de inconstitucionalidade de lei, pelo método difuso sobre o direito adquirido e o ato jurídico perfeito. 2.11. O sistema de controle de constitucionalidade no Brasil, pós-Constituição Federal de 1988. 2.12. Reflexões sobre o controle de constitucionalidade no Brasil, pós-Constituição Federal de 1988.

2.1 Noções básicas

O controle de constitucionalidade não teve o formato que tem hoje desde os primórdios, desenvolvendo-se por meio do pensamento jurídico iniciado na Grécia e aperfeiçoado conforme o sistema de controle de constitucionalidade empregado em cada Estado.

Sem o propósito de sermos exaustivos quanto à matéria, tema que não se enquadra neste trabalho, abordaremos este tema com o propósito de dar validade científica ao nosso raciocínio jurídico, tãosomente, sem outras pretensões.

2.1.1. Origem do controle de constitucionalidade

Parte da doutrina sustenta que o controle de constitucionalidade surgiu na Grécia antiga, onde existiam os "nómoi", com características de lei ordinária, ditada pela minoria da sociedade grega, porém detentores do *status* de cidadão, e os "pséfima", equivalente ao decreto moderno, ditado por assembleias de populares, portanto pela maioria da população, porém não detentores de qualquer qualidade que denotasse ascensão social.

Ocorre que os "pséfima", ditados pela maioria da população, deveriam adaptar-se quanto ao seu conteúdo aos "nómoi" ditados pela minoria, porém detentores de privilégio de casta, naquela sociedade.

Surgindo assim, segundo pensamos, muito embora de forma maculada e contrária ao que se pretende obter hoje, o embrião do que se transformaria, com o passar dos tempos, no controle de constitucionalidade, marca característica do festejado Estado Democrático de Direito.

Confirmando nosso posicionamento, Mauro Cappelletti,[1] no seu elogiado "Controle judicial da constitucionalidade das leis no direito comparado", leciona: "Distinguia-se, no Direito ateniense, entre o nómos, isto é, a lei em sentido estrito, e o pséfisma, ou seja, para usar um termo moderno, o decreto.

Na realidade, os nómoi, ou seja, as leis, tinham um caráter que, sob certos aspectos, poderia se aproximar das modernas leis constitucionais, e isto não somente porque diziam respeito à organização do Estado, mas ainda porque modificações das leis (nómoi) vigentes não podiam ser feitas a não ser por meio de um procedimento especial, com características que, sem dúvida, podem trazer à mente do jurista contemporâneo o procedimento de revisão constitucional".

Já para Raul Bertelsen Repetto,[2] o marco do controle de constitucionalidade foi a atividade desenvolvida na Roma antiga, dado ao fato de que com o passar do tempo as leis cominciais e os pleblicistos tiveram de adaptar-se às "constituições imperiais", que eram ordens emanadas diretamente do príncipe.

O mencionado tratadista, em sua obra "Control de constitucionalidad", esclarece: "Estas diversas clases de normas dadas directamente por el príncipe reciben el nombre de constituciones imperiales. Si quizás en um primer momento se considero que tales normas teníam um valor similar al derecho honorário y no alteraban el ius, no se tardo em admitir que valiam como si fueram leyes (...) E conclui: "Esta fue la fuente de nuevo derecho imperial (*ius novum*), que había de desplazar la fuerza creadora de todas las demás fuentes tradicionales. Ya a fines de la época clásica las constituciones imperiales se han convertido en la única fuente viva del derecho público y privado, com valor de leyes generales".

Não se esqueça, em tempo algum, que Santo Tomás de Aquino manifestou-se sobre a influência do naturalismo, para o surgimento

---

1 *O controle judicial da constitucionalidade das leis no direito comparado*, 2ª ed., Porto Alegre, Fabris, 1992, p. 49.

2 *Control de constitucionalidad*, Santiago, E. J. Chile, 1969, p. 42.

do controle de constitucionalidade, tendo por fundamento a lei divina, com palavras que merecem nossa reflexão.[3]

O mencionado religioso e filósofo manifestou, na "Suma Teológica", como se segue: "los princípios da ley humana se derivan da ley natural, esta es la participación de la ley eterna en la criatura racional; para determinar los preceptos de la ley humana, la razón práctica se basa em preceptos de la ley natural tomándolos como princípios generales".

Themístocles Brandão Cavalcanti,[4] no compêndio "Do controle da constitucionalidade", a seu tempo, entende que a origem do controle de constitucionalidade está na Inglaterra, quando leciona: "Embora não seja princípio pacífico na doutrina inglesa o certo é que, já no século XVII, se proclamava a supremacia absoluta da *common law* mesmo sobre a legislação".

Alfredo Buzaid,[5] na obra "Da ação direta de declaração de inconstitucionalidade no direito brasileiro", entende que o nascimento do controle de constitucionalidade ocorreu no Direito português, quando o legislador percebeu a possibilidade de existência de contradições entre o ordenamento filipino e as leis das comarcas, sendo que, neste caso, o fato deveria ser comunicado ao corregedor das comarcas, para adoção de medidas jurídicas.

Só então, duzentos anos mais tarde, viria a ocorrer o que a doutrina entende como primeiro caso de declaração de inconstitucionalidade de que se tem notícia nos Estados Unidos da América.

O elogiado processual-constitucionalista brasileiro exorta suas considerações, nestes termos: "Os juristas portugueses dos primórdios do século XVII também tiveram uma clara compreensão desse problema. Ocorrendo antagonismo entre uma ordenação do Reino e uma lei municipal, cabia ao Corregedor das comarcas decretar a

---

3   *Suma Teológica*, Tomo IV (1-2 q. 91a.2. e 91a3), Madrid, Biblioteca de Autores Cristianos, 1956.

4   *Do controle da constitucionalidade*, Rio, Forense, 1966, p. 48.

5   *Da ação direta de declaração de inconstitucionalidade no direito brasileiro*, São Paulo, Saraiva, 1958, p. 17 e 19.

nulidade desta a fim de salvar a autoridade daquela"; acrescentando depois: "A ideia de atribuir ao Poder Judiciário a competência para negar aplicação às leis, consideradas inconstitucionais, é, segundo a doutrina dominante, uma criação original do direito público norte-americano".

Sobre o célebre caso Marbury x Madison, Arnaldo Sampaio de Moraes Godoy,[6] na obra "Pós-modernismo jurídico", assevera tratar-se, na verdade, de caso político, no qual o juiz Marshall, por possuir a mesma ideologia política de Marbury e do presidente Adams, por sinal autoridade constituída que efetivou sua nomeação, logicamente contrário às ideias de Jefferson, presidente que denegara sua posse, seria em tese suspeito para proferir o célebre julgamento. Sem olvidar que o Estado americano fora revel na demanda.

A lição do mencionado estudioso tem este conteúdo: "John Adams nomeou vários juízes com os quais seu partido compartilhava da mesma orientação ideológica (...) Enquanto Marbury se preparava para a posse e o exercício do cargo, Thomas Jefferson foi eleito presidente e decidiu não empossar os juízes nomeados por John Adams, que era seu antagonista político. Marbury vê-se prejudicado pela decisão e ajuíza ação na Suprema Corte, com o objetivo de garantir a posse e o exercício. O juiz presidente da Suprema Corte era John Marshall, também opositor de Jefferson. Recebido o pedido, ordenou-se a citação de James Madison, que na qualidade de Secretário de Estado de Jefferson deveria apresentar defesa em nome do presidente. Madison não contestou a ação".

Dimana de tudo que foi exposto que, cronologicamente, o primeiro caso de declaração de inconstitucionalidade, mesmo que de forma incipiente, não foi o que ocorreu nos Estados Unidos da América.

Percebemos que o antecedente grego, segundo pensamos, trata-se ao lado da visão de Santo Tomás de Aquino, e do precedente inglês do gérmen do controle de constitucionalidade material.

---

6 *Pós-modernismo jurídico*, Porto Alegre, Fabris, 2005, p. 150.

A manifestação romana ao tempo de atribuir competência legislativa, apenas aos comandos emanados das "constituições imperiais", assemelha-se à inconstitucionalidade formal por incompetência legislativa.

Por fim, o modelo americano está a indicar o primeiro caso de declaração de inconstitucionalidade judicial, pelo método difuso.

2.1.2. Norma constitucional e norma ordinária

A norma representa a disciplina jurídica do comportamento de um povo, em determinado território, ligado a um governo central, por meio da qual se disciplina as múltiplas relações jurídicas existentes, entre as pessoas em geral, e entre estas e o Estado, impondo, quando necessária, a adequada sanção.

Digna de menção é a definição de Kelsen,[7] na obra "Teoria geral da norma", quando esclarece: "o objeto das normas, quer dizer, aquilo que as normas prescrevem é uma conduta humana definida" (...). E conclui: "exprime-se com o 'dever-ser' as três funções normativas de imposição, autorização e permissão".

A norma constitucional produz efeito jurídico depois de sua promulgação, salvo se fixado prazo especial de *vacacio legis* ou se estas estiverem inseridas na categoria das normas constitucionais de eficácia contida, que são aquelas cuja eficácia está condicionada à disciplina da matéria por lei ordinária.

Esclarece José Afonso da Silva:[8] "vigência, aqui, é tomada no seu sentido técnico-formal de norma que foi regularmente promulgada e publicada, com a condição de entrar em vigor em data determinada." (...). E termina: "A vigência é condição de efetivação da eficácia, ainda que a plenitude desta, tratando-se de norma constitucional, não raro, dependa de outras normas integrativas".

O grande problema da norma constitucional, no caso que pretendemos estudar nesta oportunidade, é a inexistência de institutos

---

7 *Teoria geral da norma*, Porto Alegre, Fabris, 1995, p. 153.
8 *Aplicabilidade das normas constitucionais*, p. 52.

processuais capazes de forçar o seu cumprimento em caso de recalcitrância de quem deveria cumpri-la de forma espontânea, no caso de lide constitucional.

Lide constitucional que deve ser resolvida, no exemplo de que tratamos, por meio do controle de constitucionalidade difuso, isso porque não é fixada a titularidade processual ativa para o cidadão comum em ação constitucional específica, em sede de controle de constitucionalidade brasileiro.

Em se tratando de lei ordinária, sua vigência inicia-se a partir da sua publicação, merece menção as circunstâncias especiais segundo as quais sua vigência pode ser fixada com nascedouro em prazo certo e determinado posterior à publicação ou ainda aquele caso no qual o início da vigência não é especificado, situação em que deverão ser observadas as regras constantes do art. 1º da Lei de Introdução ao Código Civil, que estabelece que sua vigência ocorrerá no prazo de 45 (quarenta e cinco) dias a partir de sua publicação.

Merece colação a doutrina de Vicente Ráo:[9] "sancionada, promulgada e publicada pelo poder executivo, a lei começa a produzir efeitos obrigatórios no dia por ela indicado, ou, na falta de indicação, ou de disposição especial de lei outra que lhe marque o início da vigência, findo o prazo estabelecido pelos preceiros de ordem geral que regem a matéria".

A lei ordinária deixa de produzir efeito concreto, com sua revogação pelo poder competente, pelo fim de sua vigência se está foi fixada por prazo certo, como é o exemplo da lei temporária cuja vigência é limitada a 90 (noventa) dias, ou ainda o caso de lei cujo prazo de vigência está ligado a fato específico, como no caso de lei que tem sua duração ligada à realização de uma obra.

Esclarece Carlos Maximiliano, quando estuda a matéria: "A revogação é expressa, quando declarada na lei nova; tácita, quando resulta, implicitamente, da incompatibilidade entre o texto anterior e o posterior" (...). E encerra dizendo: "Extinta uma disposição, ou um

---

9 *O direito e a vida dos direitos*, Vol. I, 3ª ed., São Paulo, Revista dos Tribunais, 1991, p. 283.

instituto, cessam todas as determinações que aparecem como simples consequências, explicações, limitações".

Interessa de perto ao nosso estudo o caso da lei ordinária que, apesar de vigente (pertencente ao ordenamento jurídico), deixa de ser aplicada, ou seja, torna-se ineficaz (deixa de produzir efeito). Como ocorre naqueles casos que decorrem da declaração de sua inconstitucionalidade pelo Supremo Tribunal Federal, ou nos casos de procedência de pedido em ação direta de inconstitucionalidade de lei ordinária ou ato normativo (art. 102 da Constituição de 1988) diante da Constituição Federal.

Também é a hipótese de declaração de inconstitucionalidade de lei ou ato normativo equivalente, estadual ou municipal, perante a Constituição estadual, na chamada ação direta de inconstitucionalidade de lei estadual, prevista no art. 125, § 2º, da Constituição Federal, cujo julgamento no Estado de Minas Gerais é afeto ao Tribunal de Justiça, conforme art. 106, I, *h* da Constituição estadual.

Nesses casos, a coisa julgada terá efeitos *erga omnes*, fugindo dos critérios romanísticos tradicionais ditados pelo art. 468 do Código de Processo Civil.

Há ainda os casos ligados à declaração de ineficácia da norma ordinária, por meio de pronunciamento do Senado Federal, com fundamento no art. 52, X, da Constituição Federal, depois da declaração de inconstitucionalidade de lei ordinária ou ato normativo equivalente, pelo Supremo Tribunal Federal, utilizando-se do método difuso, na modalidade de controle incidental.

No Estado de Minas Gerais, no caso de declaração incidental de inconstitucionalidade de lei estadual, como também de atos normativos equivalentes àquela, perante a Constituição Estadual, por decisão definitiva do Tribunal de Justiça, será a eficácia suspensa por ato da Assembleia Legislativa, conforme dicção do art. 62, XXIX, da Constituição do Estado de Minas Gerais.

A sutileza doutrinária não passou despercebida ao doutrinador Dircêo Torrecillas Ramos,[10] quando esclarece: "declarada a inconsti-

---
10 *O controle de constitucionalidade por via de ação*, São Paulo, Angelotti, 1994, p. 97.

tucionalidade, por decisão definitiva, no todo ou em parte, de norma legal ou ato normativo, pelo Supremo Tribunal Federal, no controle incidental, este comunicará o teor ao Senado Federal para suspensão da execução, conforme disposto no art. 52, X, da Constituição Federal de 1988".

O Supremo Tribunal Federal firmou jurisprudência no sentido da desnecessidade de suspensão pelo Senado, no caso de declaração de inconstitucionalidade em tese, por via de ação direta de inconstitucionalidade de lei federal, devido aos efeitos *erga omnes* e imediatos desta.

Importante notar que também se trata de evidente caso de ineficácia particular de lei ordinária aquele restrito ao caso concreto e às partes jungidas à relação processual, na qual ocorre a procedência do pedido de exceção de inconstitucionalidade, no exercício do modelo difuso, quando o julgador deixa de aplicar, exclusivamente àquele caso em si, a norma ordinária tida como inconstitucional, aplicando-a aos demais casos nos quais não foi levantada a mencionada exceção de inconstitucionalidade.

Quanto ao efeito da declaração de inconstitucionalidade no sistema difuso, por via de exceção, leciona Ronaldo Poletti: "Hoje é pacífico na doutrina e na jurisprudência que qualquer órgão jurisdicional, singular ou coletivo, pode examinar a constitucionalidade de lei e, portanto, declará-la inconstitucional, ao fito de afastá-la de aplicação a um caso concreto".

A norma subdivide-se em várias facetas, podendo-se falar em dois grupos distintos: as normas constitucionais e as normas ordinárias. A norma constitucional representa um regime social, político, econômico e jurídico.

A norma constitucional trata da organização do Estado e suas relações com os cidadãos que lhe são vinculados, da aquisição e transferência do poder. Considera-se constitucional, independentemente do conteúdo, todas as normas que estão no bojo de uma Carta Constitucional.

O doutrinador Alejandro Ghigliani esclarece: "dentro de un orden jurídico em que pueden distinguirse dos categorías de normas positivas: Unas de jerarquía superior, las llamadas 'normas constitucionales' que instituyen los órganos creadores del derecho com su respectiva competência, estabelecen las relas básicas que rigen el funcionamento del Estado y reconocen, a la vez derechos esenciales de los indivíduos. Otras, de jerarquía inferior, las 'normas ordinárias', que actuando dentro de su respectiva competência producen los órganos creados".[11]

As normas constitucionais possuem o condão de indicar o procedimento a ser observado e a competência legislativa para produção da norma ordinária.

Discorre sobre a matéria Manoel Gonçalves Ferreira Filho: "No texto em vigor, a elaboração legislativa é regulada em seção especial (Tít. IV, Cap. I, Seção VIII), intitulada 'Do processo legislativo'" (...). E continua: "Em face da Constituição, cumpre distinguir, quanto ao poder de iniciativa, o que é geral do que é reservado. A Lei Magna de 1988 consagra a iniciativa popular (art. 61). Reserva, todavia, a Constituição a iniciativa em certas matérias a titular determinado".[12]

A norma constitucional giza o conteúdo e a finalidade a que se destina a norma ordinária vigente em um Estado Democrático de Direito.

Ratifica nosso entendimento Ferdinand Lassalle,[13] quando leciona: "que constitua — pois de outra forma não poderíamos chamá-la de fundamental —, o verdadeiro fundamento das outras leis, isto é, a lei fundamental, se realmente pretende ser merecedora desse nome, deverá informar e engendrar as outras leis comuns originárias da mesma. A lei fundamental, para sê-lo, deverá, pois, atuar e irradiar-se através das leis comuns do país".

---

11 *Del control jurisdiccional de constitucionalidad*, Buenos Aires, Depalma, 1952, p. 1.
12 *Do processo legislativo*, 4ª ed., São Paulo, Saraiva, 2001, p. 196 e ss.
13 *A essência da Constituição*, 5ª ed., Rio de Janeiro, Lumen Juris, 2000, p. 9.

A discrepância entre a norma constitucional e a norma ordinária leva à inconstitucionalidade desta, com sua perda de eficácia. Preleciona Raul Repetto,[14] "la actividad legislativa para ser válida, constitucional, debe realizarse sin infringir los preceptos constitucionales".

A lei ordinária é aquela que disciplina as relações entre as pessoas, sejam físicas ou jurídicas, com o propósito de tentar manter a existência do Estado, ao mesmo tempo que promove a consecução de seus objetivos, atrelados que são a conteúdos ideológicos, econômicos, financeiros e jurídicos de um grupo organizado que detém o poder, mantendo-os em situação de comando, enquanto for possível.

Discorrendo sobre o conteúdo da lei, é digno de reflexão o escólio de Carlos de Cabo Martin,[15] quando doutrina: "La generalidad es aquella cualidad de la ley em virtud de la cual sus destinatários están genericamente determinados, y las conductas a las que se aplica, abstractamente consideradas" (...), e encerra esclarecendo: "A partir de estas consideraciones se entiende bien que um concepto como la ley, com su carácter de 'representación' general, de expresión de la voluntad e intereses globales y unitários y máxima encarnación de la recionalidad y de la objetividad jurídico-estatal, este fuera de la sintonia del momento cultural contemporáneo".

Fala-se então em normas de direito material, que são aquelas que disciplinam as relações das pessoas físicas entre si, com as pessoas jurídicas privadas ou públicas, envolvendo bens e direitos, concretos ou abstratos, sendo possível falar em direito civil, direito penal, direito tributário.

As normas de direito processual são aquelas que regulam o trâmite do fluxo do processo e a atuação dos sujeitos do processo e da jurisdição. Digno de mensão é o ensinamento de Humberto Cuenca,[16] quando leciona: "Las normas procesales regulan la conducta y la actividad del juez, de las partes y demas sujetos intervenientes em el

---

14 *Control de constitucionalidad*, Santiago, Editorial Jurídica, 1969, p. 20.

15 *Sobre el concepto de ley*, Madrid, Trotta, 2000, p. 47.

16 *Derecho Procesal Civil*, Tomo I, Caracas, Ediciones de la Biblioteca, 1976, p. 288.

proceso" (...), e termina esclarecendo: "las normas materiales senalan los bienes morales y econômicos de la vida".

2.1.3. Classificação das normas constitucionais

A classificação das normas constitucionais não é unânime, variando conforme a opção ideológica do estudioso da matéria. Em Portugal, Jorge Miranda as classifica em preceptivas e programáticas, com estes vocábulos: "preceptivas as de eficácia imediata ou pelo menos, de eficácia não dependente de condições institucionais ou de facto" (...), e continua: "e programáticas aquelas que, dirigidas a certos fins e a transformações não só da ordem jurídica, mas também das estruturas sociais".[17]

No Brasil, José Afonso da Silva as classifica em: "a) normas constitucionais de eficácia plena e aplicabilidade imediata; b) normas constitucionais de eficácia contida e aplicabilidade imediata, mas passíveis de restrição; c) normas constitucionais de eficácia limitada ou reduzida, que, por seu lado, compreendem dois grupos: c.1) normas de eficácia limitada, definidora de princípio institutivo (...) c.2) normas de eficácia limitada, definidoras de princípio programático".[18]

2.1.4. Interpretação das normas constitucionais

A interpretação das normas constitucionais faz-se com base em princípios que lhes guiam a aplicação, de sorte que varia a interpretação da norma constitucional, conforme a orientação constitucional que se segue, pois a interpretação que se dá à norma constitucional no Estado liberal não é a mesma que se dá àquela no Estado social e muito menos no Estado Democrático de Direito.

Dentre os princípios de maior expressividade no tratamento da matéria, merece ser mencionado o princípio da supremacia da constituição, segundo o qual todas as normas ordinárias deverão adap-

---

17 *Manual de direito constitucional*, Tomo II, 2ª ed., Coimbra, Coimbra, 1988, p. 217.

18 *Aplicabilidade das normas constitucionais*, 3ª ed., São Paulo, Malheiros, 1998, p. 261.

tar-se à norma constitucional que é seu fundamento de validade, surgindo de sua aplicação a doutrina da inconstitucionalidade das leis e atos normativos em geral.

Posicionamento confirmado pela doutrina clássica de Vicente Ráo: "Sob o segundo aspecto, a classificação hierárquica se baseia na conformidade das normas inferiores às de categoria superior e esta conformidade de traduz em dois princípios fundamentais: o da constitucionalidade e o da legalidade. No grau mais elevado da hierarquia, encontra-se a Constituição, à qual todas as demais normas se devem adaptar".[19]

O princípio da presunção de constitucionalidade da lei parte do pressuposto, nem sempre válido, que se a lei foi submetida à apreciação das comissões de Constituição e Justiça, existentes no Congresso Nacional, e foi regularmente sancionada, presumivelmente, tratar-se-á de lei constitucional.

É o pensamento de Themístocles Cavalcanti: "Assim, o Legislativo tem o monopólio da política legislativa e o Executivo das decisões e atos administrativos. A presunção, portanto, é de que os atos por eles praticados estejam de conformidade com a Constituição".[20]

O princípio da unidade material das normas constitucionais retrata a situação de que a interpretação das normas constitucionais deverá ser feita com relação à Constituição como um todo harmônico e não a partir de um artigo de forma isolada.

Ratificando nossa concepção, Encarnación Pageo: "los preceptos constitucionales no pueden ser interpretados aisladamente y desde si mismos, sino siempre em relación com otros preceptos y com la unidad de la propia Constitucion em la que estan articulados".[21]

Acrescentamos aos princípios indicados pela doutrina clássica o princípio da proporcionalidade, que se trata de princípio caracterizador do Estado constitucional de terceira geração, o Estado Demo-

---

19 *O direito e a vida dos direitos*, Vol. I, São Paulo, Revista dos Tribunais, 1991, p. 266.
20 *Do controle da constitucionalidade*, Rio, Forense, 1966, p. 85.
21 *La cuestion de inconstitucionalidad em el proceso civil*, Madrid, Civitas, 1990, p. 370.

crático de Direito, e, segundo pensamos, está implicitamente inserto na Constituição brasileira de 1988, em seu art. 1º, e pode ser conceituado como aquele por meio do qual se verifica a compatibilidade entre os objetivos da lei ordinária e a finalidade da Constituição, promovendo a vigência de direitos fundamentais e a prevalência dos princípios constitucionais absolutos, explícitos e sensíveis, diante de eventual excesso ou desvio de poder do legislador ordinário.

É mister trazer à colação a lição abalizada de Paulo Bonavides: "Fica erigido em barreira ao arbítrio, em freio à liberdade de que, à primeira vista, se poderia estar investido o titular da função legislativa para estabelecer e concretizar fins políticos. Em rigor, não podem tais fins contrariar valores e princípios constitucionais; um destes princípios vem a ser precisamente o da proporcionalidade".[22]

A doutrina brasileira possui duas correntes distintas com pertinência à interpretação das normas constitucionais. A primeira corrente, que se denomina corrente axiológica, sustenta que, na interpretação das normas constitucionais, os princípios deverão ser tidos como valores, e em caso de colisão de princípios constitucionais, estes deverão ser conciliados, ponderando-se o de maior peso.

São arautos desta doutrina Peter Haberle e Robert Alexy,[23] este com sua "Teoria dos direitos fundamentais", onde patenteia: "la colisión de princípios — como solo pueden entrar em colisión princípios válidos — tiene lugar más allá de la dimensión de la validez, em la dimensión del peso". Pertencem a esta corrente no Brasil, entre outros, Paulo Bonavides, com seu "Curso de Direito Constitucional"; Gilmar Ferreira Mendes, com posicionamento exortado na obra "Jurisdição constitucional"; Willis Santiago Guerra Filho, no compêndio "A filosofia do direito aplicada ao direito processual e à teoria da constituição".

---

22 *Curso de direito constitucional*, São Paulo, Malheiros, 1997, p. 57.

23 *Teoria de los derechos fundamentales*, Madrid, Centro de Estúdios Constitucionales, 1997, p. 89.

A outra corrente, cognominada de corrente deontológica, afirma que ao se realizar a interpretação constitucional, princípios são normas e deverão ser aplicados de forma peremptória.

São expoentes dessa doutrina Juergen Habermas, com sua obra "Faticidade e validade", também Ronald Dworkin, com posicionamento tornado público na obra "O império do direito", quando pontifica: "As pessoas dizem que os juízes conservadores obedecem a Constituição, ao passo que os liberais tentam reformá-la segundo suas próprias convicções" (...), e termina: "Os juízes considerados liberais e os chamados conservadores estão de acordo quanto as palavras que formam a Constituição enquanto texto pré-interpretrativo. Divergem sobre o que é Constituição enquanto direito pós-interpretativo, sobre as normas que mobilizam para avaliar os atos públicos".

No Brasil, são seguidores dessa corrente Ronaldo Brêtas de Carvalho Dias e sua festejada "Responsabilidade civil do Estado na prestação jurisdicional"; José Afonso da Silva, no compêndio "Curso de direito constitucional positivo"; José Alfredo Baracho Júnior, na obra "Responsabilidade civil por dano ao meio ambiente"; Marcelo Cattoni, com seu "Direito Constitucional", e outros mais.

2.1.5. Meios informais de modificação da Constituição

Com base na evolução hermenêutica do direito constitucional positivo e na subsunção dos fatos a ele, parte da doutrina sustenta a existência de meios informais de modificação da Constituição, que normalmente marcam a passagem de um modelo constitucional para outro, em um determinado Estado, em dado momento histórico.

A aguda situação doutrinária foi percebida por Otto Bachof,[24] quando esclareceu: "Em vista da particular missão de integração da ordem constitucional, será lícito admitir também como possível que normas singulares da Constituição se tornem automaticamente obsoletas, quando as mesmas, em consequência da mudança da situação real, já não puder cumprir a sua função integradora".

---

24 *Normas constitucionais inconstitucionais?*, Coimbra, Almedina, 1994, p. 60.

2.2. A Constituição e seu conceito

A Constituição é a lei que organiza o Estado e suas instituições, disciplina a forma de aquisição, permanência e transferência do poder, demarca os direitos fundamentais de um povo e suas garantias, bem como outras matérias que representam uma ideologia política e a perenização de direitos individuais.

Digno de menção é o conceito jurídico de Constituição tornado público por estudo de Jorge Miranda,[25] "é a institucionalização jurídica do poder".

A Constituição é caracterizada pela circunstância peculiar de identificar um Estado, sua forma de governo, suas opções políticas, sociais e jurídicas e as cláusulas de direitos fundamentais concedidas e asseguradas a seu povo.

2.2.1. Classificação das Constituições

Resultam daí as várias classificações de Constituição, que fogem ao objetivo deste estudo, tais como rígidas, flexíveis e semi-rígidas; nas primeiras, a forma de modificação de seu texto sujeita-se a procedimento especial; nas segundas, a forma de modificação do texto constitucional é a mesma que se dá com as leis ordinárias.

Confirma nosso pensamento Oswaldo Aranha Bandeira de Mello,[26] quando se posiciona sobre o tema: "no sistema das constituições rígidas, a Constituição é a autoridade mais alta, e derivante de um poder superior à legislatura" (...), e continua, falando agora sobre as constituições flexíveis: "nenhuma distinção faz entre lei constitucional e lei ordinária" e as últimas (semi-rígidas) "possuem uma parte flexível e outra rígida".

Existem também as Constituições outorgadas e as Constituições democráticas, sendo que as primeiras são impostas por um grupo dominante, na maioria das vezes utilizando-se do poder das

---

25 *Manual de direito constitucional*, Tomo II, 2ª ed., Coimbra, Coimbra, 1988, p. 7.

26 *A teoria das constituições rígidas*, São Paulo, Bushatsky, 1980, p. 48/1.

armas, e a última, objeto de assembleia nacional constituinte advinda de eleições livres, servindo-se do poder do voto. Confirma o posicionamento José Afonso da Silva,[27] quando patenteia: "São populares (ou democráticas) as constituições que se originam de um órgão constituinte composto de representantes do povo, eleitos para o fim de as elaborar" (...), concluindo: "Outorgadas são as elaboradas e estabelecidas sem a participação do povo".

Interessa-nos a variação entre Constituição material, que diz respeito às normas que aludem à estruturação do Estado, disciplinando o poder e os direitos fundamentais, e Constituição formal, que são as demais normas que integram a Constituição, além das acima mencionadas.

Ratifica nosso entendimento a doutrina de Gilmar Ferreira Mendes,[28] quando esclarece: "Vê-se, assim, que a regra que disciplina a criação das normas essenciais do Estado, organiza os entes estatais e consagra o procedimento legislativo forma a constituição, no sentido estrito do termo. Ao lado dessa ideia de Constituição material, cogita-se, igualmente, de uma Constituição formal, entendida aqui como conjunto de regras promulgadas com a observância de um procedimento especial e que está submetido a uma forma especial de revisão".

2.2.2. Inconstitucionalidade

A inconstitucionalidade é a inadequação da lei ordinária ao modo de sua produção e à competência para sua iniciativa, ou a finalidade determinada pela lei constitucional. É também inconstitucionalidade a divergência entre o texto da lei constitucional e o da lei ordinária e ainda a inércia do legislador em atuar para a produção tempestiva da lei ordinária.

---

27 *Curso de direito constitucional positivo*, 6ª ed., São Paulo, Revista dos Tribunais, 1990, p. 35.

28 *Controle de constitucionalidade*, São Paulo, Saraiva, 1990, p. 4.

Merece atenção o conceito sucinto de Alfredo Buzaid: "Diz-se que uma lei é inconstitucional quando ela, no todo ou em parte, ofende a Constituição".[29]

Fala-se em vários tipos de inconstitucionalidade de acordo com o pensamento constitucional que funcionou como base do estudo, podendo se falar em quatro tipos de inconstitucionalidade.

No modelo inglês, trata-se de mera oposição ao espírito da Constituição, já que naquela Carta Constitucional as normas constitucionais possuem o mesmo patamar das normas ordinárias.

Conforme nosso entendimento, a doutrina de Raul Bertelsen Repetto,[30] neste patamar: "Como son los tribunales los encargados de aplicar el *common law*, los jueces debían según Lord Coke dar preferencia a éste sobre los preceptos dictados por el Parlamento; es decir, el common lae sería superior al derecho legislado".

Há o modelo de inconstitucionalidade francês, que trata a teoria da inconstitucionalidade como a contrariedade à incompetência para a iniciativa da elaboração da lei e a inobservância da forma adequada para a produção legislativa segundo a norma constitucional vigente a este tempo.

Mencione-se o escólio de José Afonso da Silva: "inconstitucionalidade das leis ou dos atos do Poder Público, e que se manifesta sob dois aspectos: a) formalmente, quando tais normas são formadas por autoridades incompetentes ou em desacordo com formalidades ou procedimentos estabelecidos pela constituição (...)".[31]

A inconstitucionalidade segundo o modelo norte-americano é a divergência entre o texto da lei ordinária e o texto da norma constitucional que lhe serve de fundamento de validade.

---

29 *A ação direta de declaração de inconstitucionalidade no direito brasileiro*, São Paulo, Saraiva, 1958, p. 43; no mesmo sentido, o conceito de Lúcio Bitencourt, *Controle Jurisdicional da Constitucionalidade das leis*, p. 53.

30 *Control de constitucionalidad de la ley*, Santiago de Chile, Editorial Universitaria, 1969, p. 60.

31 *Curso de direito constitucional positivo*, 6ª ed., São Paulo, Revista dos Tribunais, 1990, p. 46.

É o que se dessume da lição de Alejandro E. Ghigliani,[32] com estas considerações: "La duda fué totalmente despejada anos después en dos célebres sentencias del alto tribunal. En la primera declaró que el poder de revisión de las leyes del Congreso para declararlas nulas si no se conforman con la Constitución es esencialmente judicial".

Peculiar é o tipo de inconstitucionalidade acrescido à hermenêutica constitucional pelo modelo alemão, que entende por inconstitucionalidade a falta de convergência entre a finalidade da lei ordinária e os objetivos traçados para o Estado pela Carta Constitucional.

Conforme nosso entendimento a doutrina de Gilmar Ferreira Mendes,[33] com estas considerações: "Cuida-se de aferir a compatibilidade da lei com os fins constitucion almente previstos ou de constatar a observância do princípio da proporcionalidade (Verhaltnismassigkeitsprinzip), isto é, de se proceder à censura sobre a adequação (Geeignetheit) e a exigibilidade (Erforderlichkeit) do ato legislativo".

E termina: "O excesso de poder como manifestação de inconstitucionalidade configura afirmação da censura judicial no âmbito da discricionariedade legislativa ou, como assente na doutrina alemã, na esfera de liberdade de conformação do legislador (gesetzgeberische Gestaltungsfreiheit)".

2.2.2.1. Inconstitucionalidade material e inconstitucionalidade formal

Inconstitucionalidade material é a clássica disparidade, a inadequação da lei ordinária ao texto da lei constitucional, a seu tempo, a inconstitucionalidade formal é a desobediência ao procedimento de produção da lei ou à competência legislativa para sua edição ditada na Carta Constitucional.

Como patenteia Alejandro Ghigliani: "Si el vicio es extrínseco — irregularidad en el procedimiento de prodicción del acto por el órgano competente — la inconstitucionalidad es formal, como ya hemos

---

[32] Del control jurisdiccional de constitucionalidad, Buenos Aires, Depalma, 1952, p. 37.

[33] Controle de constitucionalidade, São Paulo, Saraiva, 1990, p. 38-39.

dicho anteriormente; si, em cambio, el vicio está em el contenido mismo del acto, la inconstitucionalidad es sustancial o material".[34] Interessante notar que a sanção do executivo não convalida a inconstitucionalidade formal que vicia a lei, seja advinda de incompetência legislativa para iniciativa legal ou proveniente de vício no procedimento legislativo indicado para sua produção, pois a lei que surge inconstitucional continua inconstitucional até sua revogação ou declaração de sua inconstitucionalidade.

Mencionamos a existência da Súmula 4 do Supremo Tribunal Federal, contrária ao nosso entendimento, bem assim a doutrina de José Afonso da Silva,[35] ambas criadas em regime diferente do Estado Democrático de Direito no qual vivemos hoje.

Em abono à nossa tese o escólio de Manuel Gonçalves Ferreira Filho,[36] quando esclarece: "Portanto, admitir a convalidação do defeito de iniciativa é admitir a convalidação do ato nulo, é admitir que se distingua na Constituição entre o absolutamente cogente e o que não é (...). Destarte, não sendo válida a iniciativa, seria inválida a lei, apesar da sanção posterior".

2.2.2.2. Inconstitucionalidade por desvio ou excesso de poder legislativo

Inconstitucionalidade por desvio ou excesso de poder legislativo é entendida por alguns autores como tipo autônomo de controle de constitucionalidade, dentre estes é de se mencionar J. J. Gomes Canotilho,[37] e por outros como variante do controle de constitucionalidade material, como é o caso de Gilmar Ferreira Mendes.[38] Prefe-

---

34 *Del control jurisdiccional de constitucionalidad*, Buenos Aires, Depalma, 1952, p. 69.

35 *Princípios do processo de formação das leis no direito constitucional*, São Paulo, Revista dos Tribunais, 1964, p. 191.

36 *Do processo legislativo*, 4ª ed., São Paulo, Saraiva, 2001, p. 217-219.

37 *Direito constitucional*, 6ª ed., Coimbra, Almedina, 1995, p. 740.

38 *Controle de constitucionalidade*, São Paulo, Saraiva, 1990, p. 36.

rimos aderir à primeira corrente, pois a sua tipificação foge da conceituação ditada pela doutrina clássica.

Conceituamo-la como a falta de compatibilidade entre os objetivos da lei e os fins inscritos na Carta Constitucional ou o transbordamento, a ruptura do poder de legislar atribuído, constitucionalmente, à função legislativa.

Seria o caso de se declarar a inconstitucionalidade de leis restritivas de direitos, como a que inseriu o art. 285-A no Código de Processo Civil brasileiro, das leis que propiciam intervenção econômica no domínio privado, das leis feitas no interesse de uma classe social ou grupo econômico, das leis que proíbem os juízes de advogar, por tempo determinado, depois de se aposentarem e consequentemente deixarem a magistratura, ou ainda as leis que propiciam tratamento tributário diferenciado a contribuintes da mesma categoria.

Na nossa linha de raciocínio quanto à conceituação, J. J. Gomes Canotilho, quando escreve: "Contra uma concepção tão absoluta de lei como acto livre no fim, movem-se hoje poderosas críticas que tendem a assinalar dois momentos teleologicamente relevantes nos actos legislativos: (I) em primeiro lugar, a lei tem por vezes, função de execução, desenvolvimento ou prossecução dos fins estabelecidos na constituição, pelo que sempre se poderá dizer que, em última análise, a lei é vinculada ao fim constitucionalmente fixado; (II) por outro lado, a lei, embora tendencialmente livre no fim, não pode ser contraditória, irrazoável, incongruente consigo mesma.

Nas duas hipóteses assinaladas, toparíamos com a vinculação do fim da lei: no primeiro caso, a vinculação do fim da lei decorre da constituição; no segundo caso, o fim imanente à legislação imporia os limites materiais da não contrariedade, razoabilidade e congruência".

Na mesma linha conceitual a doutrina de Gilmar Ferreira Mendes,[39] quando esclarece: "Cuida-se de aferir a compatibilidade da lei com os fins constitucionalmente previstos ou constatar a observância do princípio da proporcionalidade".

---

39 *Controle da constitucionalidade*, São Paulo, Saraiva, 1990, p. 38.

De forma clara percebe que a lei, o ato administrativo e a sentença judicial não podem se afastar, no Estado Democrático de Direito, dos princípios gizados pela Constituição; se assim o fizerem, estarão contaminados pela inconstitucionalidade por desvio ou excesso de poder, adotada pela Constituição brasileira em seu art. 1º.

2.2.2.3. Inconstitucionalidade por ação e inconstitucionalidade por omissão

Inconstitucionalidade por ação é a que decorre de atuação específica do legislador ordinário inobservando preceitos da Constituição que tinha o dever de respeitar; subdivide-se em inconstitucionalidade formal e inconstitucionalidade material, às quais nos referimos acima.

Já a inconstitucionalidade por omissão é a inércia, é a quietude do legislador ordinário, quando devia ou podia atuar suprindo lacuna do ordenamento jurídico positivo. No mesmo patamar é a lição de Jorge Miranda: "A inconstitucionalidade por acção é a inconstitucionalidade positiva, a que se traduz na prática de acto jurídico-público. A inconstitucionalidade por omissão é a inconstitucionalidade negativa, a que resulta da inércia do ou do silêncio de qualquer órgão do poder".

2.2.2.4. Inconstitucionalidade originária e inconstitucionalidade superveniente

Inconstitucionalidade originária é aquela que surge com a publicação da lei e a acompanha até a declaração de sua inconstitucionalidade ou sua revogação. Note-se que a lei que nasceu inconstitucional não pode ser constitucionalizada no futuro pela mudança do regime constitucional.

De acordo com o nosso entendimento, Celso Antônio Bandeira de Mello: "a sobrevinda de Emenda não constitucionaliza a norma inicialmente inválida".[40]

---

40 *Leis originariamente inconstitucionais compatíveis com emenda constitucional superveniente*, Revista de Direito Administrativo 215/85, Rio, 1999.

Controle de Constitucionalidade 77

A inconstitucionalidade superveniente é aquela que surge depois da publicação da lei e decorre, em regra, de mudança do regime constitucional.

Alguns autores entendem que o caso não seria de inconstitucionalidade, porém de simples revogação da lei, o que de forma nenhuma pode ser sustentado, segundo pensamos, em face da existência do princípio da supremacia da constituição, pois se a norma constitucional é superior à norma ordinária, ela jamais poderá ser revogada pela última, na verdade, tirará, excluirá o seu fundamento de validade, inconstitucionalizando-a.

Como obtempera J. J. Gomes Canotilho: "A inconstitucionalidade tanto pode existir no momento da formação da norma, como ocorrer apenas posteriormente, por efeito da alteração da Constituição".[41]

Acolhendo a visão doutrinária do grupo ao qual nos filiamos, a Lei 9.882, de 03.12.1999, que disciplina o procesamento e julgamento da arguição de descumprimento de preceito fundamental, em seu art. 1º, parágrafo único, I, disciplinou a matéria, considerando cabível o controle de constitucionalidade de leis ou atos normativos, federais, estaduais e municipais anteriores à Constituição.

A disciplina legal teve está redação: "Parágrafo único.[42] Caberá também arguição de descumprimento de preceito fundamental:

I – quando for relevante o fundamento da controvérsia constitucional sobre lei ou ato normativo federal, estadual ou municipal, incluídos os anteriores à Constituição".

2.2.2.5. Inconstitucionalidade total e inconstitucionalidade parcial

A inconstitucionalidade pode ser total, quando abrange toda a disposição de uma lei ou de um artigo daquela, ou parcial, quando abarca apenas parte de um dispositivo, neste sentido Pedro Lessa: "A

---

41 *Fundamentos da constituição*, Coimbra, Coimbra, 1991, p. 269.
42 Lei 9.882, de 03.12.1999, art. 1º, parágrafo único, I.

lei pode ser julgada inconstitucional apenas em parte, ou em uma ou algumas de suas disposições".[43]

2.3. Objeto da declaração de inconstitucionalidade

O objeto da declaração de inconstitucionalidade é a lei ordinária, seja federal, estadual ou municipal, os atos normativos em geral, nos quais se incluem as normas constitucionais, os tratados internacionais, as medidas provisórias, os decretos.

Mencione-se que na vigência da Constituição de 1967/69 existem julgados do Supremo Tribunal Federal, dando pela não sujeição dos decretos ao controle da constitucionalidade, mas apenas ao controle de sua legalidade.

Consoante se percebe do julgamento da Representação de Inconstitucionalidade 1.266-2,[44] cuja ementa se transcreve: "Lei — Decreto regulamentar — Representação de inconstitucionalidade por conflitar com a norma legal — Não conhecimento — Configuração apenas de ilegalidade, não alcançando ao nível da violação a normas da Constituição — Declaração de votos vencedores e vencidos".

Discordamos desse posicionamento pela razão simples e intransponível de que o decreto é um ato normativo, inclusive com previsão constitucional, e apenas entendemos possível este posicionamento do STF em razão do art. 181 das Disposições Transitórias da Constituição de 1967/69, que impedia a apreciação judicial dos atos tidos como revolucionários.

No mesmo patamar, ou seja, sujeitando-se ao controle de constitucionalidade, em nossa visão, incluem-se os tratados internacionais e as próprias normas constitucionais.

Neste diapasão, pontifica Castro Nunes: "a declaração da inconstitucionalidade tem por objeto, em regra, a lei ordinária, mas as próprias leis constitucionais, as emendas ou reformas de uma Cons-

---

43 Do poder judiciário, Rio, Francisco Alves, 1915, p. 139.

44 Relator: Min. Carlos Madeira, julgamento em 20.05.87, transcrito na RT 623/195.

tituição podem ser objeto de indagação, por inobservância de normas constitucionais (inconstitucionalidade formal)".[45]

2.4. Inconstitucionalidade de normas constitucionais

A tese da inconstitucionalidade das normas constitucionais merece, neste ponto, nosso estudo a partir das afirmações de Otto Bachof,[46] em sua célebre obra "Normas constitucionais inconstitucionais?", neste diapasão: "Também uma norma constitucional pode ser inconstitucional por violação do direito constitucional escrito (formal)".

Resumindo sua tese, aquele tratadista considera que as normas constitucionais escritas podem ser inconstitucionais quando: a) não se observarem as regras da Constituição anterior para elaboração da Constituição atual; b) não forem observadas as normas para alteração da Constituição ou forem alteradas cláusulas pétreas; c) normas constitucionais de grau inferior contrariam normas constitucionais de grau superior; d) mudança de natureza de norma ou sua cessação de vigência; e) infringir o direito supralegal positivado.

Comentando as hipóteses apresentadas por Bachof, entendemos que a primeira, aquela que trata da inconstitucionalidade de normas constitucionais por inobservância das normas da Lei Maior antecedente que disciplinavam a atuação da assembleia nacional constituinte, não levará à inconstitucionalidade da nova lei constitucional.

Isso porque o poder constituinte originário poderá estabelecer o novo procedimento a ser observado, para realização da nova constituinte de forma diversa da anterior, sem ser inconstitucional pela razão incontornável de que seu poder inovador da ordem jurídica do Estado onde surgiu é ilimitado.

Se, por exemplo, estiver estabelecido no Texto Constitucional primitivo que a votação e aprovação de lei constitucional nova se

---

45 *Teoria e prática do poder judiciário*, Rio, Forense, 1943, p. 583.
46 *Normas constitucionais inconstitucionais?*, Lisboa, Almedina, 1994.

sujeitaria ao exame em dois turnos pela Assembleia Constituinte e o poder constituinte originário deliberar pela aprovação da matéria em turno único, não se poderá falar em inconstitucionalidade de norma constitucional nova pela razão da amplitude que se dá ao poder constitucional inovador.

Já o exemplo da norma constitucional sujeita a aprovação por plebiscito, como aconteceu no caso da forma de governo no Brasil, ou a regulamentação daquela por norma ordinária, como no caso da extinta regulamentação da taxa de juros, entendemos não se tratar verdadeiramente de inconstitucionalidade de normas constitucionais porque, na verdade, temos a presença de normas constitucionais de eficácia contida, cuja eficácia plena acontecerá com a edição de lei ordinária que discipline a matéria.

A inconstitucionalidade de normas constitucionais em relação ao confronto de normas constitucionais entre si (que tenham sido promulgadas simultaneamente), como, por exemplo, no caso de confronto entre normas constitucionais que estatuem direitos fundamentais com normas constitucionais formais (que são constitucionais apenas em razão do documento no qual se inserem), como seria o caso de normas constitucionais caracterizadoras de preceitos de direito comum (direito civil, direito do trabalho).

Seria o caso do confronto entre a norma constitucional que institui o princípio da igualdade perante a lei, sem distinção de sexo, e a norma constitucional que, ao disciplinar o direito civil, estatui o foro privilegiado da mulher para as ações de direito de família.

Neste caso, as evidências indicam que é impossível sustentar a tese da inconstitucionalidade entre as normas constitucionais retromencionadas, isto porque todas elas ostentam o título de norma constitucional, em virtude do documento no qual se inserem, bem assim porque aquelas foram promulgadas ao mesmo tempo.

É também o pensamento de Alejandro Ghigliani: "La fuerza de essas normas no depende de su contenido ni de su objeto sino de su inclusión en el instrumento, y todas ellas, sin distinción alguna, forman la Constitución".[47]

---

47 *Del control jurisdicional de constitucionalidad*, Buenos Aires, Depalma, 1952, p. 4.

A situação da norma constitucional com tempo pré-fixado de vigência, como no caso das Disposições Constitucionais Transitórias da Constituição Federal brasileira de 1988, que anistiou devedores que contraíram dívidas em determinado período, não se trata de caso de inconstitucionalidade de norma constitucional, mas caso expresso de cessação de vigência de norma constitucional.

Outrossim, a hipótese da norma constitucional que deixa de ser observada em virtude da evolução dialética da hermenêutica ou pela força incontida do tempo trata não de inconstitucionalidade de normas constitucionais, mas típico caso de vigência de norma constitucional, porém sem eficácia jurídica.

No caso de infração de norma constitucional à norma de direito supralegal positivado na Constituição, ou seja, à norma do direito natural, como as que indicam o Direito à vida, o Direito à liberdade, o Direito à saúde, causando a inconstitucionalidade da norma constitucional alusiva, como seria o caso de uma norma constitucional que proibisse alguém de viver ou de se alimentar ou de respirar.

A situação, a nosso ver, tratar-se-ia de inconstitucionalidade da norma constitucional específica por desvio de finalidade em relação aos objetivos reitores da Constituição, que, segundo pensamos, não pode ser a morte dos cidadãos do Estado, mas seu bem comum.

Não se esqueça que são comuns as restrições ao direito natural de locomoção, por exemplo, em caso de guerras e epidemias sem que sejam inconstitucionais as normas constitucionais que as instituem por visarem à proteção dos cidadãos que habitam naquele Estado.

Não obstante, a hipótese mais plausível de norma constitucional, possivelmente, inconstitucional é aquela que retrata a situação de se promulgar emenda constitucional, que não respeite o procedimento traçado, à competência, e a iniciativa fixada na Carta Constitucional ou seus princípios basilares ou seu texto expresso.[48]

---

48 No Brasil, Flávio Bauer Novelli, no artigo *Norma constitucional inconstitucional?*, publicado na Revista de Direito Administrativo 199/21, tem o mesmo posicionamento.

É o posicionamento de Calamandrei: "Objeto de este control, son, por regla general, las leyes ordinárias (n.); pero, em ciertos casos, podrán ser objeto de este control también las leyes constitucionales, en cuanto, existiendo antinomia entre um artículo de la Constitución y uma posterior ley constitucional".[49]

Ratifica o posicionamento Jorge Miranda: "É possível a inconstitucionalidade — e inconstitucionalidade material — por contradição entre certas normas constitucionais e outras nascidas por virtude de revisão constitucional (ou com pretensão de o serem). Não é possível, porém, a inconstitucionalidade de normas constitucionais originárias".[50]

2.5. Fases da declaração de inconstitucionalidade

A declaração judicial de inconstitucionalidade da lei, pelo método difuso, possui três fases: primeiro a fase da indignação do sujeito que se acha prejudicado pela norma constitucional; depois a fase da demanda judicial que poderá terminar com a procedência ou não do pedido, e por fim no caso de procedência confirmada pelo Supremo Tribunal Federal, haverá a suspensão da eficácia da norma pelo Senado.

Note-se que o Senado não revoga a norma ordinária, pois tal tarefa é adstrita ao Congresso Nacional, no seu pleno. O Senado Federal, fundado no art. 52, X, da Constituição da República, apenas suspende a eficácia da lei ordinária declarada inconstitucional, por meio do sistema difuso, pelo Supremo Tribunal Federal.

2.6. Efeitos da declaração judicial de inconstitucionalidade

Os efeitos da declaração de inconstitucionalidade são objetos de acirrada polêmica no mundo acadêmico, existindo três correntes: a primeira sustenta que o efeito da declaração de inconstitucionali-

---

49 *Estúdios sobre el proceso civil*, Buenos Aires, Ejea, 1952, p. 58.

50 *Manual de direito constitucional*, Tomo II, 2ª ed., Coimbra, Coimbra, 1988, p. 289.

dade da norma ordinária é a nulidade da norma; a segunda corrente acredita que o efeito da declaração da inconstitucionalidade é a inexistência da lei ou ato normativo que lhe seja equivalente; a última corrente assevera que o efeito da declaração de inconstitucionalidade não é nenhum dos apontados pelas correntes anteriores, mas a anulação da norma tida como inconstitucional.

Isto com relação ao método concentrado de declaração da inconstitucionalidade, que possui como característica a utilização de ações específicas, com a coisa julgada exarando seus efeitos *erga omnes*.

Quanto ao método difuso, é unanimidade na doutrina que o efeito da declaração de inconstitucionalidade é ligado a um caso concreto e resulta da desaplicação da norma ordinária ou ato normativo equivalente.

Inclusive houve previsão normativa histórica constante da Lei 221, de 20.11.1894, que em seu art. 13 tratava da matéria. Perceba-se que depois da ratificação pelo Supremo Tribunal Federal da declaração de inconstitucionalidade ocorrida pelo método difuso, via de exceção, o efeito da declaração de inconstitucionalidade é a nulidade da norma ordinária.

2.6.1. Efeitos processuais relativos à eficácia da lei

Rui Barbosa sustenta a nulidade como efeito da declaração judicial de inconstitucionalidade das leis,[51] no método concentrado e a inaplicação da lei no método difuso.[52]

Com estas considerações: "Toda medida, legislativa ou executiva, que desrespeitar preceitos constitucionaes, é, de sua essência, nulla" (...). E termina: "A inapplicabilidade do acto inconstitucional do poder executivo, ou legislativo, decide-se, em relação a cada caso particular, por sentença proferida em acção adequada e executável entre as partes".

---

51 *A constituição e os atos inconstitucionaes*, Rio, Atlântida, p. 4 e 129.

52 Nesta linha o posicionamento de Alfredo Buzaid, *Da ação direta de declaração de inconstitucionalidade no direito brasileiro*, São Paulo, Saraiva, 1958, p. 81 e 132; Castro Nunes, *Teoria e prática do poder judiciário*, Rio, Forense, 1943, p. 588.

Na atualidade, é seguido por Nagib Salibi Filho,[53] quando leciona: "A inconstitucionalidade é uma espécie de nulidade". No mesmo diapasão é a doutrina de Humberto Theodoro Júnior: "as nulidades podem ser decretadas de ofício, como é a hipótese da inconstitucionalidade".[54] Outros autores nacionais e estrangeiros têm a mesma opinião.

Com pertinência ao controle de constitucionalidade judicial pelo método difuso, o festejado Lúcio Bitencourt leciona que o caso em destaque enquadra-se nos ditames da inexistência ou da inaplicabilidade da norma legal declarada inconstitucional, nestes termos: "tem lugar a inexistência da lei quando na sua elaboração não forem obedecidas ou observadas as formalidades constitucionais prescritas para o processo legislativo" (...), e conclui: "ineficácia do ato legislativo, pela recusa dos tribunais em aplicá-lo aos casos concretos que lhe são submetidos".[55]

Sustenta o festejado tratadista, portanto que, no caso de declaração de inconstitucionalidade formal da norma, a sentença deverá pronunciar-se pela inexistência da lei, já no caso de inconstitucionalidade material, o ato jurisdicional deverá optar pela ineficácia da lei com sua inaplicabilidade ao caso concreto.

Ousamos discordar do festejado tratadista por entendermos que no caso de inconstitucionalidade formal ou material, em se falando de controle de constitucionalidade, utilizando-se do método difuso, a autoridade judiciária não poderá declarar a inexistência da norma, pois provocaria um vácuo legislativo com relação à matéria de que trata aquela, sendo certo que a unidade do ordenamento jurídico deverá apenas deixar de aplicá-la.

Themístocles Cavalcanti entende que no caso de declaração de inconstitucionalidade, tanto pelo método difuso como pelo méto-

---

53 *Anotações à Constituição de 1988*, Rio, Forense, 1989, p. 87.

54 *A coisa julgada inconstitucional e os instrumentos processuais para seu controle*, artigo publicado na RT 795/22, São Paulo, Revista dos Tribunais, 2002.

55 *O controle jurisdicional da constitucionalidade das leis*, 2ª ed., Rio, Forense, 1968, p. 133-134.

do concentrado, o resultado do julgamento será a inaplicação da lei, quando esclarece: "os efeitos da decisão de inconstitucionalidade devem ser sempre o da invalidade da lei ou ato, quanto à sua aplicação, ou melhor, quanto à sua inaplicabilidade".[56]

A conclusão a que chega o mencionado autor, no que diz respeito ao efeito do julgamento de inconstitucionalidade da lei, por meio do método concentrado, está equivocada, pois declarada a inconstitucionalidade da lei, em tese, por meio de ação própria, cujo efeito da coisa julgada é *erga omnes*, a indicar que o efeito do julgamento é a nulidade da lei e não sua inaplicabilidade.

Outra vertente liderada por Hans Kelsen sustenta que o efeito da decisão que declara a inconstitucionalidade da lei ou ato normativo é a sua anulação.

Entre seus seguidores, há na Itália Calamandrei,[57] que leciona: "sin embargo, entre la función de la Corte constitucional que anula las leyes viciadas por ilegitimidad constitucional".

O posicionamento de Hans Kelsen e seus seguidores não pode ser aplicado ao sistema normativo-constitucional brasileiro que adota um sistema de controle de constitucionalidade misto, combinando os métodos difuso e concentrado.

Data venia, entendemos, com relação aos efeitos da declaração de inconstitucionalidade de lei ou ato normativo, no sistema judicial, valendo-se do método difuso, que a razão está com os seguidores de Rui Barbosa.

Isso porque na declaração de inconstitucionalidade pelo sistema judicial, utilizando-se do método difuso, em primeiro grau de jurisdição, no Brasil pós-Constituição Federal de 1988, o juiz apenas deixará de aplicar a lei ordinária que considerar inconstitucional, cujo efeito será a sua subtração como do fundamento do pedido do interessado, levando à sua improcedência total ou parcial.

---

56 *Do controle da constitucionalidade*, Rio, Forense, 1966, p. 67.
57 *Estúdios sobre el proceso civil*, Buenos Aires, Ejea, 1962, p. 85.

2.6.2. Efeitos no tempo, quanto à extensão da coisa julgada

Com relação à força obrigatória do julgado, à extensão dos efeitos da coisa julgada, no Brasil, Lúcio Bitencourt obtempera:[58] "no caso concreto a sentença obrigará as partes (...) produzindo efeito *ex nunc*".[59]

Com alusão aos efeitos do controle de constitucionalidade judicial, pelo método difuso, entendmos que seu efeito é *inter partes* e *ex tunc*, ou seja, entre as partes da demanda e retroagindo para o passado, com limitação é claro ao início de vigência da lei ou à constituição da relação jurídica objeto da demanda, o que ocorrer primeiro.

Em seu tempo, José Afonso da Silva sustenta que os efeitos da declaração de inconstitucionalidade são *ex tunc*, isto é, para o passado, com estas considerações: "No que tange ao caso concreto, a declaração surte efeitos *ex tunc*, isto é, fulmina a relação jurídica fundada na lei inconstitucional desde o seu nascimento".[60]

Em Portugal, Canotilho sustenta o efeito retroativo ou *ex tunc*, com estas considerações: "a declaração de inconstitucionalidade tem efeitos *ex tunc* (a norma não produz efeitos desde a origem)".[61]

Na Espanha, Encarnación Pageo assevera o efeito retroativo: "adviertáse que retrotrae la ineficácia de la norma al momento em que incurrió em la contradiccion com la Constituciòn".[62] Na Itália, Calamandrei entende que o efeito da declaração de inconstitucionalidade será unicamente para o futuro ou *ex nunc*, com estas conside-

---

58 *O controle jurisdicional da constitucionalidade das leis*, 2ª ed., Rio, Forense, 1968, p. 135-136.

59 Na mesma linha o posicionamento de Regina Maria Macedo Nery Ferrari, São Paulo, Revista dos Tribunais, 1987, p. 99; Lúcio Bitencourt, *O controle jurisdicional da constitucionalidade das leis*, Rio, Forense, 1968, p. 136.

60 *Curso de direito constitucional positivo*, 6ª ed., São Paulo, Revista dos Tribunais, 1990, p. 52.

61 *Fundamentos da constituição*, Coimbra, Coimbra, 1991, p. 275.

62 *La cuestion de inconstitucionalidad em el proceso civil*, Madrid, Civitas, 1990, p. 143.

rações: "Si la Corte constitucional acoge la denominada prejudicial, tendra en sustancia los mismos efectos de la abrogacioón de la ley reconocida como inconstitucional, dejará de tener vigor para el porvenir" (...), e termina: "declarada *ex nunc* ineficaz".[63]

No sistema processual brasileiro, a situação resolve-se de acordo com as regras do art. 468 do Código de Processo Civil, por se tratar de sentença cuja natureza é declaratória, e seus efeitos retroagirão até a data de entrada em vigor da lei ordinária ou ato normativo equivalente que se impugna como inconstitucional.

Poderá ainda ocorrer que o marco dos efeitos retroativos seja coincidente com a promulgação da Constituição, se esta for posterior, servindo como marco determinante dos efeitos o que ocorrer primeiro.

A orientação foi acolhida pelo Supremo Tribunal Federal, no julgamento do RMS 93-PR,[64] cuja ementa trazemos à colação: "Ato administrativo — Nulidade — Prática com apoio em lei posteriormente declarada inconstitucional pelo STF — Declaração com efeito retro-operante". Posicionamento ratificado pelos julgamentos estampados nas Revistas Trimestrais de Jurisprudência: 82/791 e 91/1.369, RE 168.554-2-RJ, Rel. Ministro Marco Aurélio de Mello, julgamento ocorrido em 08.09.1994.

Os limites subjetivos da declaração de inconstitucionalidade variam conforme o critério a ser utilizado. No critério difuso, os limites subjetivos da declaração de inconstitucionalidade são *interpartes*, ou seja, entre as partes que beligeraram na demanda.

Sob outro aspecto, valendo-se agora do critério concentrado, em face das suas peculiaridades e da sua inclusão no rol do controle de constitucionalidade coletivo, os limites subjetivos da declaração de inconstitucionalidade alcançam todos os cidadãos que estejam sujeitos à jurisdição do Estado onde ocorreu a declaração de inconstitucionalidade, conclui-se, seus efeitos são *erga omnes*.

---

63 *Estúdios sobre el proceso civil*, Vol. I, Buenos Aires, Ejea, 1947, p. 177.

64 Julgamento em 07.05.1990, Relator: Ministro Armando Rolemberg, publicado na RT 657/176.

2.6.3. Efeitos da declaração de inconstitucionalidade no direito intertemporal

Os efeitos da declaração de inconstitucionalidade de norma jurídica sobre o direito intertemporal constituem matéria de acirrada polêmica no que diz respeito à existência de inconstitucionalidade ou de revogação do ordenamento jurídico anterior à edição da norma constitucional.

Como também da possibilidade ou não da represtinação da norma ordinária anterior em razão da declaração da inconstitucionalidade da lei que a sucedeu, em sede de ordenamento jurídico brasileiro.

Estes pontos polêmicos, em sede de processo constitucional, serão tratados nas linhas que se seguem, sem a mínima pretensão de esgotar a matéria.

2.6.3.1. Revogação do ordenamento jurídico anterior pela Constituição Federal nova

Circunstância que não pode ficar fora de nosso estudo é a disciplina jurídica do tratamento do ordenamento jurídico anterior à Constituição nova.

Quanto às normas que são compatíveis com a nova Carta Constitucional houve recepção daquelas pela nova Ordem Constitucional, não oferecendo maiores indagações doutrinárias.

Merece atenção a disciplina jurídico-constitucional daquelas que são incompatíveis, com a nova Lei Constitucional, estariam revogadas ou seriam eivadas de inconstitucionalidade material? E neste caso existiria a represtinação do ordenamento jurídico pré-revogado.

Castro Nunes,[65] partindo do argumento que são normas de hierarquias diferentes, bate-se pela inconstitucionalidade, assim: "Dir-se-á, por aplicação das regras comuns, que a lei anterior incompatível, ainda que implicitamente, com a posterior, é lei tacitamente revogada. Assim é. Mas entre normas de hierarquia diversa essa in-

---
65 *Teoria e prática do poder judiciário*, Rio, Forense, 1943, p. 603.

compatibilidade implícita é precisamente o objeto de indagação da constitucionalidade da norma anterior".

José Afonso da Silva sustenta a revogação por inconstitucionalidade, com estas considerações: "Eu próprio chamei o fato de revogação por inconstitucionalidade, ou seja, uma revogação da lei por sua incompatibilidade com a Constituição, lei superior, que lhe é também posterior".[66]

Em Portugal, Jorge Miranda afirma tratar-se de inconstitucionalidade, com estes vocábulos: "acção de normas constitucionais novas (provenientes de Constituição nova ou de modificação constitucional) sobre normas ordinárias anteriores desconformes há caducidade por inconstitucionalidade superveniente".[67]

Em outro tempo, Lúcio Bitencourt lidera a corrente daqueles que sustentam tratar-se o caso de mera revogação legal, por incompatibilidade com a Constituição, que, embora seja de nível superior ao rigor da técnica hermenêutica, trata-se de verdadeira lei: "A revogação se verifica quando a lei, tachada de incompatível com a Constituição, já se achava em vigor por ocasião do advento desta".[68]

A conclusão que chegamos é a de que é verdade que existe a supremacia da norma constitucional em relação à lei ordinária, em Estados que adotem a teoria das Constituições rígidas e formais, com processo de produção dificultado e que não admite a modificação por meras leis ordinárias.

Se é verdade que a norma constitucional dirige o processo de formação, o conteúdo e a finalidade da lei ordinária, não pode a norma constitucional, simplesmente, revogar a lei ordinária que a antecedente lhe exclui o fundamento de validade, e, portanto, ocorre a inconstitucionalidade material superveniente.

---

66 *Controle de constitucionalidade: Variações sobre o mesmo tema*, Revista Interesse Público 25/13, Porto Alegre, Notadez, 2004.

67 *Manual de direito constitucional*, Tomo II, 2ª ed., Coimbra, Coimbra, 1988, p. 239.

68 *O controle jurisdicional da constitucionalidade das leis*, 2ª ed., Rio, Forense, 1968, p. 131.

Abonando nosso pensamento, a doutrina de Hans Kelsen: "Indaga-se por que sentido subjetivo do ato do legislador indicado sob (2) também é seu sentido objetivo, quer dizer, uma norma geral ou, com outras palavras: o que é o fundamento de validade da norma estabelecida pelo legislador, então a resposta é: porque esse ato é autorizado por uma norma da Constituição, quer dizer, pelo sentido de um ato de vontade do emissor da Constituição".[69]

Não distoa a doutrina de Calamandrei,[70] que tem estas considerações: "las leyes ordinárias, dictadas antes de la Constitución pero em contraste ahora com ella, están sujetas al control de legitimidad constitucional".

No Brasil é a doutrina de José Rubens Costa,[71] quando leciona: "As considerações não convencem, mesmo porque não possuem a mesma natureza jurídica, eis que revogar uma norma se situa no plano do direito positivo e não constitucional" (...), e termina: "Se a Constituição revogasse normas anteriores, certo que estaria a Constituição submetida à disciplina positiva da revogação (se não positivada pelos conceitos doutrinários). No caso, a Constituição seria examinada pelas regras da Lei de Introdução do Código Civil brasileiro (art. 2º)".

É de se notar que se a Constituição promulgada posteriormente revogasse todo ordenamento jurídico que lhe antecedeu, isso com relação àquelas normas detentoras de disposições que lhe fossem contrárias, o Estado onde isso ocorrer correria o risco de viver num vazio legislativo, numa lacuna legal incompatível com os modernos conceitos sustentados pela ciência jurídica.

A hipótese sob análise é contrária à teoria da completude do ordenamento jurídico, levando os cidadãos ao império da insegurança jurídica e da justiça privada, negando-se inclusive a existência do Estado Democrático de Direito, tão propalado pela Constituição Federal do Brasil de 1988.

---

69 *Teoria geral da norma*, Porto Alegre, Fabris, 1986, p. 345.

70 *Estúdios sobre el proceso civil*, Buenos Aires, Ejea, 1962, p. 106.

71 *Controle difuso e concentrado de inconstitucionalidade*, RT 799/135, São Paulo, Revista dos Tribunais, 2002.

Na jurisprudência, a corrente predominante é aquela que admite como correta a revogação da lei ordinária pela promulgação posterior da Constituição, conforme se nota do julgamento da ADIn 521-9-DF: "Ação direta de inconstitucionalidade — Impossibilidade jurídica do pedido — Incompatibilidade entre lei antiga e Constituição posterior — Hipótese em que ocorre revogação e não inconstitucionalidade",[72] no entanto, merecem menção os votos divergentes dos Ministros Sepúlveda Pertence, no julgamento da ADIn 7-DF, publicado na RTJ 145/351, e Moreira Alves, no julgamento da ADIn 381-DF, publicado na RTJ 144/69.

Como aludimos de forma expressa no item 2.2.2.4, retromencionado, a Lei 9.882/99, que disciplina o processamento e julgamento da arguição de descumprimento de preceito fundamental, em seu art. 1º, parágrafo único, I, disciplinou a matéria, considerando cabível o controle de constitucionalidade de leis ou atos normativos, federais, estaduais e municipais anteriores à Constituição.

A nosso ver, a edição da Lei 9.882/99 encerrou a questão sobre a possibilidade da revogação do ordenamento jurídico anterior pela Constituição nova, de forma negativa, portanto no moderno ordenamento jurídico brasileiro, depois da edição da lei, em destaque, o confronto entre o ordenamento jurídico primitivo e a Constituição atual resolve-se pelas regras da inconstitucionalidade e não da revogação.

2.6.3.2. Repristinação do ordenamento jurídico revogado

Seja na hipótese de revogação, seja na hipótese de declaração de inconstitucionalidade, não ocorre, em regra, a repristinação do ordenamento jurídico que precedeu a lei que está sendo objeto de controvérsia quanto à ocorrência de sua revogação ou inconstitucionalidade, ou seja, não há ressuscitação da norma ordinária pré-

---

[72] Julgamento em 07.02.1992, Relator: Ministro Paulo Brossard, publicado na RT 686/218.

revogada porque este instituto, em tese, não é acolhido pelo direito positivo brasileiro.

Exceção feita ao dispositivo constante do art. 62, § 11, da Constituição Federal de 1988, que trata dos efeitos da Medida Provisória que foi rejeitada pelo Congresso Nacional ou que perdeu a eficácia por falta de votação do tempo estabelecido na Carta Constitucional, qual seja, 45 dias prorrogáveis por igual período.

Dispõe que as relações jurídicas decorrentes da Medida Provisória revogada que não foram objeto de disciplina jurídica, por meio de Decreto de Legislativo de edição do Congresso Nacional, considerar-se-ão por ela disciplinadas mesmo depois de sua revogação.

Situação que, a nosso juízo, retrata de forma clara, inclusive com disciplina constitucional, caso típico de repristinação no ordenamento jurídico brasileiro.

Outra exceção é a constante do art. 11, § 2º, da Lei 9.868, de 10.11.1999, que trata do processamento da ação direta de inconstitucionalidade no Supremo Tribunal Federal, estatuindo que no caso de concessão de medida cautelar, torna-se aplicável a legislação anterior, caso existente, salvo expressa manifestação em sentido contrário.

Os casos acima narrados são tipicamente de repristinação, e encontram oportunidade de aplicação em esforço interpretativo constante do art. 2º, § 3º, do Decreto-lei 4.657, de 04.09.1942, carinhosamente alcunhada de Lei de Introdução ao Código Civil, que disciplina hipótese de ocorrência de repristinação no Direito Positivo brasileiro, se houver permissão legal expressa.

Circunstância da qual se valeu a própria Constituição Federal, por força da Emenda Constitucional 32, de 11.09.2001, e a Lei 9.868, de 10.11.1999, para utilizarem-se do instituto da repristinação, mesmo que de forma excepcional no sistema jurídico brasileiro.

Nosso pensamento é endossado por julgamento do Plenário do Supremo Tribunal Federal, na ADIn 2.884,[73] com estas considerações: "A declaração final de inconstitucionalidade, quando proferida

---

[73] Relator: Ministro Celso de Mello, julgamento publicado no Diário Oficial da União em 20.05.2005.

em sede de fiscalização normativa abstrata, importa — considerando o efeito repristinatório que lhe é inerente — em restauração das normas estatais anteriormente revogadas pelo diploma normativo objeto do juízo de inconstitucionalidade, eis que o ato inconstitucional, por juridicamente inválido (RTJ 146/461), não se reveste de qualquer carga de eficácia derrogatória".

É de se observar que a concessão de efeito repristinatório aos julgamentos de ações diretas de inconstitucionalidade reforça a tese doutrinária que atribui ao Supremo Tribunal Federal a qualidade de "legislador de segundo grau", circunstância que deve ser observada com cuidado à luz da teoria da não usurpação dos poderes constitucionais, a nosso juízo.

2.6.4. Efeitos da declaração de inconstitucionalidade em relação às partes do processo

Há ainda um aspecto a ser abordado: os limites subjetivos da coisa julgada que julga o pedido de declaração de inconstitucionalidade de lei ou ato normativo. A disciplina jurídica da matéria varia conforme o Estado no qual é proferida a decisão, sendo que em alguns deles os efeitos são *interpartes* e em outros são *erga omnes*.

A situação é interessante. Na Itália o julgamento da "prejudicial de inconstitucionalidade" tem efeito *erga omnes*. Na Espanha, o julgamento da "questão de inconstitucionalidade" tem efeito *erga omnes*.

Voltando os olhos para os países da América,[74] no México e no Chile (entre outros Países) a decisão do controle de constitucionalidade tem efeito *erga omnes*. Por outro lado, por força de seus ordenamentos jurídicos, por exemplo, nos Estados Unidos e na Argentina, o efeito da declaração de inconstitucionalidade é *interpartes*, situação que demonstra a diversidade de tratamento da matéria no Direito Comparado.

---

74 Conforme Keith S. Rosenn, *Os efeitos do controle judicial de constitucionalidade nos Estados Unidos, Canadá e América Latina, numa perspectiva comparada*, artigo publicado em RDA 235/185, Rio, 2004.

No Brasil, os limites subjetivos da coisa julgada constitucional variam conforme o caso concreto, pois, se o método utilizado é o difuso, o efeito será *interpartes*. A assertiva é confirmada pela jurisprudência estampada no julgamento da Apelação 97.002585-8 do TJRN,[75] "Controle de constitucionalidade — Declaração por via de exceção ou incidental — Efeito *ex tunc*, atingindo somente as partes litigantes".

Se o método utilizado for o concentrado, o efeito da declaração de inconstitucionmalidade será *erga omnes*, atingindo todos os cidadãos vinculados à jurisdição do Tribunal Constitucional que proferiu a decisão.

Confirma nosso posicionamento a doutrina de Myrian Passos Santiago: "No primeiro aspecto, tem-se as decisões particulares que assim se caracterizam: a decisão judicial só prevalece entre as partes da demanda, como é a regra nas ações em geral" (...), e encerra: "As decisões gerais, por sua vez, prevalecem *erga omnes*, ou seja, alcançam todos os cidadãos submetidos àquele ordenamento jurídico".[76]

2.7. Controle de constitucionalidade em estudo

Controle de constitucionalidade é a técnica de verificação da adequação da lei ordinária ao procedimento e à competência fixados para sua produção no Texto Constitucional. É a adequação da finalidade da norma aos objetivos fixados ao Estado pela Constituição, e a observação do reflexo da lei ordinária do Texto Constitucional.

2.7.1. Controle de constitucionalidade preventivo e controle de constitucionalidade repressivo

O controle de constitucionalidade pode ser exercido de forma preventiva, quando exercido antes da publicação da lei ordinária ou ato normativo equivalente.

---

75 Julgamento em 03.11.1997, Relator: Desembargador Manoel de Araújo Silva, publicado na RT 752/335.

76 *Os efeitos da declaração de inconstitucionalidade no tempo*, artigo publicado na Revista de Processo 94/109.

Nessa hipótese, é exercido pela função legislativa por meio das comissões provisórias ou permanentes, criadas pelo Congresso Nacional, para verificar a constitucionalidade do projeto de lei, conforme o art. 58, § 2º, I, da Constituição Federal.

O exercício do controle de constitucionalidade preventivo também pode ser exercido pela função executiva por meio de veto do Presidente da República, previsto no art. 66, § 1º, da Carta Constitucional.

O controle de constitucionalidade repressivo é aquele realizado pela função judiciária, seja pela modalidade de controle difuso, seja pela modalidade de controle concentrado.

O controle de constitucionalidade exercido por meio do método concentrado é baseado na lei, em tese, ligado à ação direta de inconstitucionalidade.

A ação direta de inconstitucionalidade pode ser interventiva ou de lei ou de ato normativo equivalente. Existem ainda as ações declaratórias de inconstitucionalidade ou constitucionalidade (art. 102 da CF/88). Essas ações possuem como características a competência para julgamento exercida pelo Supremo Tribunal Federal, a legitimidade específica e o efeito do julgado *erga omnes*.

A outra modalidade de exercício do controle de constitucionalidade repressivo é a que utiliza o método difuso, exercida por qualquer integrante da função judiciária da federação, conectado a um caso concreto, em qualquer demanda, e cujo resultado se circunscreve às partes envolvidas na contenda.

Merece menção a doutrina de Luiz Cláudio Portinho Dias: "No controle preventivo ela é atribuída a órgão de natureza política; enquanto no repressivo ela cabe sempre ao Poder Judiciário".[77]

2.7.2. Controle de constitucionalidade individual e controle de constitucionalidade coletivo

Fala-se também em controle de constitucionalidade coletivo, quando os efeitos da decisão alcançam um número ilimitado de pes-

---

[77] *O sistema brasileiro de controle da constitucionalidade dos atos normativos*, RT 754/99, São Paulo, Revista dos Tribunais, 1998.

soas, como ocorre no julgamento da ação direta de inconstitucionalidade de lei ou ato normativo federal, ou ainda no controle de constitucionalidade incidental exercido em sede de ações coletivas e ações civis públicas.

É o escólio de Oswaldo Luiz Palu: "O controle coletivo da constitucionalidade é exercido em qualquer grau de jurisdição, nas ações civis públicas e coletivas especialmente".[78]

É o controle de constitucionalidade individual quando os efeitos da decisão alcançam única e tão-somente as partes da demanda.

2.7.3. Controle de constitucionalidade direto e controle de constitucionalidade indireto

É também chamado pela doutrina internacional de controle de inconstitucionalidade indireto aquele feito pelo Presidente da República, antes da promulgação da lei (art. 66, § 1º, da Constituição Federal de 1988).

Aquele conceito é feito em oposição ao controle de constitucionalidade direto, que é aquele feito diretamente pela função judiciária.

Conforme nosso posicionamento, a doutrina do chileno Raul Berten Repetto: "Entre estos médios podemos senalar los seguientes: el sistema bicameral, la faculdad del presidente de uma asamblea o comisión legislativa de rechazar uma proposición de ley, el veto presidencial, el veto popular".

No Brasil, parte da doutrina chama de controle indireto aquele realizado por qualquer juiz que esteja regularmente lotado no exercício da magistratura no Estado onde o controle de constitucionalidade é exercido, ou seja, por qualquer juiz que esteja no exercício do controle de constitucionalidade difuso, em determinado território onde ocorra validade de certa norma constitucional.

---

[78] *O controle coletivo de constitucionalidade no direito brasileiro*, artigo publicado na RT 765/34.

O controle direto é aquele exercitado por meio do sistema concentrado, realizado pelo Supremo Tribunal Federal (arts. 102/103 da CF/88) e pelos Tribunais de Justiça (art. 125, § 2º, da CF/88), em outros casos, no julgamento das ações diretas de inconstitucionalidade interverntiva ou de declaração em tese da inconstitucionalidade da lei federal em confronto com a Constuição Federal ou ainda da declaração de inconstitucionalidade em abstrato de lei municipal ou estadual, em face da Constituição Estadual.

2.8. Objeto do controle de constitucionalidade

O objeto do controle de constitucionalidade, em geral, são as leis ordinárias, federais, estaduais e municipais, medidas provisórias, podendo se incluir neste rol, como demonstramos linhas pretéritas, a própria norma constitucional, os decretos e os tratados internacionais.

Esclarece Encarnación Pageo: "Como a los efectos de nuestro estudio es más interesante analizar las normas objeto de control desde la perspectiva de su contenido (...) nos detendremos pues unicamente en el significado del acto con fuerza de ley", e termina: "a) los Estatutos de Autonomia y las demás Leyes orgánicas; b) las demás Leyes, disposiciones normativas y actos del Estado con fuerza de Ley, los decretos legislativos; c) los tratados internacionales".[79]

A jurisprudência alinha-se com a doutrina, como se percebe do julgamento da Apelação em Mandado de Segurança 405/01 do TJAP,[80] nestes termos: "Controle de constitucionalidade — Emenda constitucional — Inconstitucionalidade — Ocorrência — Texto normativo que, ao invadir esfera de competência de lei complementar, implementa alterações no disciplinamento das eleições para os cargos diretivos do Tribunal de Contas Estadual".

---

79 *La cuestion de inconstitucionalidad em el proceso civil*, Madrid, Civitas, 1990, p. 191.

80 Julgamento em 12.02.2001, Relator: Des. Mário Gurtyev, publicaado na RT 799/310.

2.9. Sistemas de controle de constitucionalidade

Os tipos de sistemas de controle de constitucionalidade variam de acordo com a cultura constitucional dos Estados nos quais são instalados, podendo se falar em controle de constitucionalidade pelo sistema político, pelo sistema judicial e pelo sistema misto.

2.9.1. O sistema político de controle de constitucionalidade

O sistema político de controle de constitucionalidade teve sua origem na França, onde, por razões históricas ligadas à Revolução Francesa, fundadas em possíveis atuações arbitrárias dos juízes e na possibilidade de usurpação de poder da função legislativa pela função judiciária, o controle de constitucionalidade das leis e atos normativos fora excluído da última e atribuído à primeira.

É a lição de Ronaldo Poletti: "Os da tradição da Revolução Francesa regem-se, com ênfase pelo princípio da divisão de poderes. Um Poder não interfere sobre o outro. Logo, o controle do ato legislativo não pode caber senão ao próprio Legislativo".[81]

O grande inconveniente deste sistema é que possível acordo levado a cabo no Congresso Nacional poderá declarar constitucional uma lei ou ato normativo que evidentemente macula o texto da Carta Magna.

No Brasil, há indícios deste sistema ao atribuir ao Congresso o poder de impedir o trâmite de projetos de lei, que suas comissões especializadas entendam inconstitucionais, de acordo com o art. 58, § 1º, da Constituição Federal.

2.9.2. O sistema judicial de controle de constitucionalidade

O sistema de controle de constitucionalidade judicial impera na maioria dos países da Europa e América, nos quais o controle de

---

81 *Controle da constitucionalidade das leis*, Rio, Forense, 1997, p. 56.

Controle de Constitucionalidade

constitucionalidade das leis e atos normativos é atribuído à função judiciária, e exercido pelos métodos difuso ou concentrado.

No dizer de José Afonso da Silva,[82] "é a faculdade que as constituições outorgam ao Poder Judiciário de declarar a inconstitucionalidade de lei".

O modelo difuso é adotado naqueles países nos quais o controle de constitucionalidade é exercido por todos os juízes em exercício na jurisdição estatal.

Já o modelo concentrado está presente nos Estados onde o julgamento da inconstitucionalidade é atribuído apenas aos tribunais de cúpula.

O método concentrado caracteriza-se pela circunstância de que o acesso ao tribunal de cúpula encarregado do julgamento constitucional dá-se pelo uso de ação direta de inconstitucionalidade, com titularidade ativa restrita a um número limitado de legitimados, a sentença tem efeito *erga omnes*, ou seja, com alcance a todos os cidadãos que vivam sob a jurisdição daquele Estado.

Neste patamar o escólio de Dirceo Torreccilas Ramos: "o controle concentrado é aquele no qual a competência para julgar ou examinar a constitucionalidade pertence a um único órgão".[83]

A característica negativa deste método é a restrição de acesso ao controle de constitucionalidade dos titulares ativos, que apenas possuem a qualidade de cidadãos fora das categorias indicadas no art. 103 da Constituição Federal de 1988.

2.9.3. O sistema misto de controle de constitucionalidade

O sistema eclético de controle de constitucionalidade se constitui de variante do sistema de constitucionalidade judicial, que mescla características dos métodos de controle de constitucionalidade

---

82 *Curso de direito constitucional positivo*, 6ª ed., São Paulo, Revista dos Tribunais, 1990, p. 48.

83 *O controle de constitucionalidade por via de ação*, São Paulo, Angelotti, 1994, p. 19.

difuso e concentrado, podendo-se citar como exemplos os utilizados na Alemanha, na Itália e no Brasil.

A modalidade é bem lembrada por Mauro Cappelletti: "A solução adotada, no último pós-guerra, na Itália e na Alemanha, está, repito, em certo sentido, a meio caminho entre a adotada pelo sistema americano (...) e pelo sistema austríaco...".[84]

O método misto de controle de constitucionalidade traz consigo características do método difuso e do método concentrado, ou seja, no mesmo ordenamento jurídico, atribuindo possibilidade de que todos os juízes declarem a inconstitucionalidade de forma incidental, via de exceção, com base em um caso concreto (típico do método difuso).

Convivendo com a ação direta de inconstitucionalidade, cujo julgamento é restrito a um tribunal constitucional de cúpula (típico do sistema concentrado), com titulares ativos específicos.

2.10. O sistema judicial de controle de constitucionalidade, pelo método difuso, em estudo

O sistema de controle de constitucionalidade judicial é uma das variantes do gênero controle de constitucionalidade das leis. Este sistema possui três métodos de controle de constitucionalidade, quais sejam: o difuso, o concentrado e o misto.

Será objeto de nosso estudo, nesta oportunidade, o método difuso de controle de constitucionalidade, que teve seu surgimento nos Estados Unidos, em 1803, com o caso Marbury x Madson.

2.10.1 A competência para o exercício do controle de constitucionalidade pelo método difuso

A fixação de competência para o exercício do controle de constitucionalidade judicial, no método difuso, é atribuída a todos os integrantes da função judiciária à qual esta ligado o Estado que o adote.

---

84 *O controle judicial de constitucionalidade das leis no direito comparado*, 2ª ed., Porto Alegre, Fabris, 1992, p. 119.

Trata-se de lição assente no processo constitucional brasileiro, como se nota do escólio de Lúcio Bitencourt, quando leciona: "a inconstitucionalidade (...) é consectária da função jurisdicional e, por conseguinte, cabe a quem quer que legitimamente exerça esta última. Todos os tribunais e juízes, federais ou locais".

Confirma-o a jurisprudência colhida no julgamento da Apelação 206.658-0 do 2º TASP,[85] "Lei — Arguição de inconstitucionalidade — Questão prejudicial à solução do litígio — Competência do magistrado de 1º grau para apreciação da matéria reconhecida, por não se tratar de declaração de inconstitucionalidade de lei em tese, por ação direta — Faculdade e poder decorrentes da própria função jurisdicional".

Sob a égide da Constituição de 1946, Alcides Mendonça Lima, precisamente no ano de 1949, sustentou a incompetência do juiz singular para efetuar o controle difuso de constitucionalidade,[86] ao lecionar: "O intuito do legislador constituinte, desde 1934, foi outorgar competência aos tribunais colegiados, como órgãos de segunda instância.

Assim sendo, um órgão de primeira instância, mesmo colegiado, como as juntas de conciliação e julgamento, da Justiça do Trabalho, não tem competência para declarar a inconstitucionalidade de uma lei".

O pensamento foi antecedido, em 1942, por Vicente Chermont de Miranda,[87] que sustentava: "A declaração de inconstitucionalidade, porém, é privativa do tribunal pleno e somente pode ser pronunciada pela maioria absoluta da totalidade dos seus juízes".

---

85 Julgamento ocorrido em 02.03.1988, Relator: Juiz Acayaba de Toledo, publicado na RT 629/168.

86 Competência para declarar a inconstitucionalidade das leis, artigo publicado na Revista Forense 123/347.

87 Inconstitucionalidade e incompetência do juiz singular, artigo publicado na Revista Forense 92/587.

Confirmava a doutrina a jurisprudência estampada no julgamento do Tribunal de Justiça do Estado de Minas Gerais, em 1934,[88] com este conteúdo: "Inconstitucionalidade das leis — Competência privativa dos tribunaes collegiados para pronunciá-la — Com o advento do regimen constitucional, em 16 de julho deste anno, a doutrina, a meu ver, soffreu profundo e definitivo golpe.

Pelo que se infere de vários dispositivos da nova Constituição, não póde o juiz singular, elle só, declarar inconstitucional tal ou qual a lei, no todo ou em parte".

Estas manifestações doutrinárias e o pequeno acompanhamento jurisprudencial foram sufragadas pela evolução da doutrina processualística e constitucional brasileiras.

2.10.2. A titularidade para requerer o exercício do controle de constitucionalidade pelo método difuso

A titularidade para o exercício do controle de constitucionalidade judicial, pelo método difuso, é ampla e abrange as partes envolvidas na demanda, o Ministério Público.

Ratificando nosso posicionamento, a doutrina de José Afonso da Silva: "qualquer interessado poderá suscitar a questão de inconstitucionalidade, em qualquer processo, seja de que natureza for, qualquer que seja o juízo".[89]

Alguns doutrinadores, porém, entendem ser possível ao próprio juiz da causa o levantamento da questão prejudicial de inconstitucionalidade.

---

88 Julgamento de recurso de Apelação da Comarca de Patrocínio (MG), publicado na Revista Forense 65/170.

89 *Curso de direito constitucional positivo*, 6ª ed., São Paulo, Revista dos Tribunais, 1989, p. 50.

Leciona Lúcio Bitencourt: "Os juízes e tribunais, portanto, ao decidir uma causa, podem e devem, *ex officio*, independentemente de alegação da parte, declarar a inconstitucionalidade da lei".[90]

Note-se bem que há proibição histórica da atuação dos juízes de ofício, que existe desde o berço do processo civil romano e germânico até os dias de hoje, e não alcança a declaração espontânea da inconstitucionalidade pelo Poder Judiciário, pois, segundo pensamos, o fato de a inconstitucionalidade gerar a nulidade da lei inclui-a entre os pressupostos processuais e abre oportunidade para sua declaração de ofício pelos integrantes da função judiciária.

2.10.3. Tratamento processual da inconstitucionalidade

Considerando que, segundo pensamos, a inconstitucionalidade é uma forma de nulidade, que retira a juridicidade da norma ordinária. Considerando que as evidências processuais indicam tratar-se da inexistência de nulidade de pressuposto processual.

Considerando que a ausência de condições da ação e pressupostos processuais poderá ser declarada de ofício pelo magistrado ao teor do art. 267, § 3º, do Código de Processo Civil.

Entendemos ser possível a hipótese de que o juiz de ofício, na modalidade difusa, argua a inconstitucionalidade da lei, deixando de aplicá-la ao caso concreto em que teria incidência.

Ratifica nosso entendimento José Carlos Barbosa Moreira,[91] esclarecendo: "A arguição pode ainda ser feita *ex officio*, pelo relator, pelo revisor, se houver ou por qualquer dos juízes componentes do órgão".

No mesmo patamar é a doutrina de Hugo Alsina: "La declaración de inconstitucionalidad puede obtenerse por via de acción o de escepción y, en ciertos casos, aund de oficio".[92]

---

90 *O controle jurisdicional da constitucionalidade das leis*, 2ª ed., Rio, Forense, 1968, p. 113.

91 *O novo processo civil brasileiro*, 19ª ed., Rio, Forense, 1997, p. 176.

92 *Tratado teórico e practico de derecho procesal civil y comercial*, Tomo I, Buenos Aires, Cia. Argentina, 1941, p. 375.

A jurisprudência manifesta-se no mesmo sentido: Apelação 98.000.117-0, TJRN[93], "Controle de constitucionalidade — Declaração incidental — Inconstitucionalidade de lei declarada por juiz sem que haja provocação das partes — Admissibilidade, desde que seja necessária para o julgamento da ação — Eficácia da decisão, entretanto, que opera *interpartes*".

Contrariamente, a doutrina de German Bidart Campos: "es principio del derecho judicial el de que ni siquiera em ejercicio del control constitucional pueden los jueces sustitirse a los otros poderes del estado em las funciones que son próprias".[94]

2.10.4. Meios processuais de exercício do controle de constitucionalidade judicial utilizando-se o método difuso

A forma de exercício do controle de constitucionalidade judicial pelo método difuso dar-se-á por meio de exceção ou defesa, de forma incidental, em qualquer processo, em trâmite na jurisdição que o adote.

Pode ainda ser alegado de forma incidente, em qualquer ação admitida pelo ordenamento processual do Estado onde tramitar a demanda.

Seja de rito ordinário, de rito sumário ou de rito especial, como ocorre nos casos de mandado de segurança, *habeas corpus*, ação popular, *habeas data*, portanto, trata-se de modalidade jungida, atrelada a um caso concreto.

2.10.5. Efeitos da sentença que julga a inconstitucionalidade pelo método difuso

É importante notar que, no sistema de controle de constitucionalidade judicial, pelo método difuso, a sentença que julga procedente o pedido de inconstitucionalidade de lei ou ato normativo

---

93 Julgamento em 19.06.1998, Relatora: Des. Judite Nunes, publicado na RT 761/374.

94 *La interpretacion y el control constitucionales*, Buenos Aires, Ediar, 1987, p. 130.

exclui o fundamento jurídico do pedido da demanda principal, deixa de aplicá-lo ao caso concreto no qual seria submetido.

No mesmo diapasão a doutrina de Themístocles Brandão Cavalcanti: "Tecnicamente, a questão se resolve pela não aplicação da norma inconstitucional",[95] levando, por consequência, à improcedência do pedido deduzido em face da parte que se julga prejudicada.

Depois, se confirmada a declaração de inconstitucionalidade, em segundo grau de jurisdição, e se a demanda chegar ao Supremo Tribunal Federal, onde a declaração de inconstitucionalidade for, novamente, ratificada, poderá existir comunicação ao Senado Federal, para que declare sua ineficácia, na forma do art. 52, X, da Constituição Federal.

No caso de declaração de inconstitucionalidade incidental de norma estadual diante de Constituição Estadual, a ineficácia desta lei, no Estado de Minas Gerais, é atribuição da Assembleia Legislativa (art. 62, XXIX, da Constituição Estadual).

2.10.6. Natureza jurídica da sentença que julga a inconstitucionalidade no método difuso

Entendemos que a natureza jurídica da sentença que julga a inconstitucionalidade no método difuso é declaratória, com efeito *ex tunc*, ou seja, retroativos até a data da lei que serve de supedâneo ao controle de constitucionalidade.

Ratificando nosso posicionamento, a festejada doutrina de Alfredo Buzaid: "a sentença, que decreta a inconstitucionalidade, é predominantemente declaratória (...) retroage os seus efeitos até o berço da lei, valendo pois *ex tunc*".[96]

---

95 *Do controle de constitucionalidade*, Rio, Forense, 1966, p. 87.

96 *Da ação direta de declaração de inconstitucionalidade no direito brasileiro*, São Paulo, Saraiva, 1958, p. 132; no mesmo sentido: J. C. Barbosa Moreira, *Temas de Direito Processual*, São Paulo, Saraiva, 1997, p. 187; German Bidart Campos, Buenos Aires, Ediar, 1997, p. 130.

O efeito é *interpartes*, neste patamar patenteia José Carlos Barbosa Moreira: "Los efectos judiciales de la declaración incidente de la inconstitucionalidad de uma ley no exceden las fronteras del pleito en el que aquella fue emitida. No hay que suponer que, si la resolución queda em firme, la autoridad de la cosa juzgada, se extienda a la decisión sobre la cuestión de constitucionalidad".[97]

Contudo, pode alcançar terceiros, juridicamente interessados, como os assistentes, os opoentes, os intervenientes-garantes, os substituídos processuais, os denunciados à lide e os terceiros prejudicados, que poderão recorrer na forma do art. 499 do Código de Processo Civil.

O efeito secundário da sentença é a suspensão da eficácia da lei declarada inconstitucional, pelo Senado Federal, se a declaração de inconstitucionalidade for confirmada pelo Supremo Tribunal Federal.

2.10.7. Reflexos da declaração de inconstitucionalidade de lei, pelo método difuso, na manutenção da coisa julgada

A decisão do controle de constitucionalidade no sistema judicial, na modalidade difusa, poderá alcançar até a coisa julgada, se ainda for possível a utilização da via da ação rescisória ou de ação declaratória de nulidade ou de embargos do devedor, previstos nos arts. 4º, 485 e 741 do Código de Processo Civil brasileiro.

Segundo pensamos, no Supremo Tribunal Federal prevalece a lição de Chiovenda, no sentido de que a coisa julgada sana a nulidade, pois naquele sodalício prevalece o entendimento de que a declaração de inconstitucionalidade de lei apenas possibilita a revisão da coisa julgada, se ainda não estiver transcorrido o prazo para propositura da ação rescisória.

---

97 *Temas de direito processual*, Sexta Série, São Paulo, Saraiva, 1997, p. 186.

Ratificando o nosso posicionamento, a doutrina de Alfredo Buzaid: "Portanto, todas as situações jurídicas, mesmo aquelas decorrentes de sentença transitada em julgado, podem ser revistas depois da declaração de inconstitucionalidade, mediante ação rescisória".[98]

Observe-se o julgamento do próprio Supremo Tribunal Federal: "embora a suspensão da lei por inconstitucionalidade tornasse sem efeito todos os atos praticados sob o império da lei inconstitucional, a nulidade da decisão somente poderia ser declarada por ação rescisória".[99]

Discordamos, em parte, do posicionamento da abalizada doutrina trazida à colação linhas atrás, e do julgamento do Supremo Tribunal Federal, por entendermos que a nulidade da qual a inconstitucionalidade é uma das formas, no caso em debate, trata-se de pressuposto processual, cuja ausência pode ser declarada por meio de ação declaratória de nulidade.

Note-se que a relação jurídica que for objeto da ação declaratória de nulidade poderá ter o prazo decadencial (art. 207 do Código Civil) superior ao lapso temporal, no qual poderá ser deduzida a ação rescisória.

Presente ainda a possibilidade de que o julgado seja impugnado por meio de embargos do devedor, na forma do art. 741 do Código de Processo Civil, se a prejudicada for a Fazenda Pública.

Diferentemente, entende, na Espanha, Encarnación Pageo,[100] para quem a declaração de incostitucionalidade não alcança a coisa julgada, salvo em matéria penal: "la declaración de la inconstitucionalidad de la norma ordinária, no afecta las situaciones jurídicas reconocidas en la sentencia firme, a no ser — como venimos repitiendo

---

98 Recurso em Mandado de Segurança 17.796, Relator: Ministro Amaral Santos, transcrito na Revista de Direito Administrativo 105/111.

99 *Da ação direta de declaração de inconstitucionalidade*, 12ª ed., São Paulo, Saraiva, 1958, p. 138.

100 *La cuestion de inconstitucionalidad em el processo civil*, Madrid, Civitas, 1990, p. 360.

—, que de aquélla resulte uma disminución de la sanción impuesta por dicha sentencia".

Com o mesmo posicionamento,[101] na doutrina pátria e alienígena, Gilmar Ferreira Mendes, na obra *Controle de constitucionalidade*, e Jorge Miranda, no seu festejado *Manual de direito constitucional*.

2.10.8. Reflexos da declaração de inconstitucionalidade de lei, pelo método difuso sobre o direito adquirido e o ato jurídico perfeito

Entendemos que a declaração da inconstitucionalidade atinge o ato jurídico perfeito e o direito adquirido, pela razão simples e incontornável de que a declaração de inconstitucionalidade leva à nulidade da lei.

Se ocorre a nulidade da lei, consequentemente, há a exclusão do fundamento jurídico da pretensão, à evidência extrema, e se é verdade que do nada, nada surge, não ocorreu o ato jurídico perfeito, nem se concretizou o direito adquirido por falta de subsunção à lei aplicável à espécie.

Confirmando nosso pensamento, o escólio de Themístocles Brandão Cavalcanti,[102] com estas considerações: "Não existe direito adquirido contra a Constituição".

Não obstante, segundo pensamos, se o ato jurídico perfeito e o direito adquirido concretizaram-se perante a Constituição revogada, a Constituição nova, que propiciou a revogação da primitiva, não tem o condão de inconstitucionalizá-los, já que constituídos na íntegra de acordo com a Carta Constituional anterior.

---

101 *Controle de constitucionalidade*, São Paulo, Saraiva, 1990, p. 280, *Manual de direito constitucional*, Tomo, II, 27ª ed., Coimbra, Coimbra, 1988, p. 386.
102 *Do controle da constitucionalidade*, Rio, Forense, 1968, p. 177.

2.11. O sistema de controle de constitucionalidade no Brasil, pós-Constituição Federal de 1988

O sistema de controle de constitucionalidade vigente no Brasil, pós-Constituição de 1988, é o eclético. Há a combinação do método judicial de controle de constitucionalidade exercido pelo modelo difuso e pelo modelo concentrado.

No modelo difuso, por meio do qual qualquer juiz pode declarar a inconstitucionalidade, arguida de forma incidental por qualquer dos interessados, sempre ligado a um caso concreto, a decisão terá natureza declaratória, com efeito retroativo e *interpartes*.

Ratifica nosso entendimento a jurisprudência oriunda do julgamento do RE 168.554-RJ: "Inconstitucionalidade – Declaração – Efeitos – A declaração de inconstitucionalidade de um certo ato normativo tem efeito *ex tunc*".[103]

Em segundo grau de jurisdição, a declaração de inconstitucionalidade apenas poderá ocorrer com o voto da maioria absoluta dos integrantes do órgão especial do Tribunal respectivo (art. 97 da Constituição Federal).

O Ministério Público e as pessoas jurídicas de direito público responsáveis pela edição da lei ou ato normativo equivalente poderão manifestar-se no incidente de inconstitucionalidade, no prazo fixado pelo regimento interno dos Tribunais respectivos.

O Presidente da República, o Governador de Estado ou do Distrito Federal, a Mesa da Câmara dos Deputados, do Senado Federal, da Assembleia Legislativa dos Estados, da Câmara Legislativa do Distrito Federal, o Conselho Federal da Ordem dos Advogados do Brasil, confederação sindical, entidade de classe de âmbito nacional e o Procurador-Geral da República poderão manifestar-se sobre a questão de inconstitucionalidade, inclusive apresentando memoriais e juntando documentos.

---

103 Julgamento em 08.09.1994, Relator: Min. Marco Aurélio, publicado em RTJ/1063.

Outros órgãos ou entidades interessados no desfecho do julgamento de inconstitucionalidade poderão manifestar-se se houver aquiescência do Relator do incidente de inconstitucionalidade.

A jurisprudência entende desnecessária a reserva de plenário, se a norma já foi declarada inconstitucional pelo pleno do Supremo Tribunal Federal, como se nota do julgamento do RE 191.890-0/PR,[104] que teve está redação: "Controle de constitucionalidade — Declaração incidental — Reserva de plenário prevista no art. 97 da CF — Desnecessidade se já declarada a inconstitucionalidade da norma pelo Supremo Tribunal Federal".

Caso contrário, ou seja, se já não houver ocorrido a declaração de inconstitucionalidade pelo pleno do STF, a violação do art. 97 da Constituição Federal de 1988, que trata da necessidade de reserva de plenário para julgamentos da espécie, induzirá à nulidade do dispositivo do acórdão.

Confirmam nosso entendimento os julgamentos estampados na revista de jurisprudência RTJ 117/265,[105] que tem este conteúdo: "Inconstitucionalidade do art. 544, segunda parte e seu inciso I, da CLT. Acolhimento dessa arguição por uma das Turmas do egrégio Tribunal Federal de Recursos, com julgamento, desde logo, da apelação. Recurso extraordinário conhecido e provido (pela letra "a"), por negativa de vigência do art. 116 da Constituição Federal para que, anulado o acórdão recorrido, na parte de provimento da apelação, seja a questão constitucional examinada pelo Plenário do Tribunal Federal de Recursos. Precedentes". No mesmo sentido é a jurisprudências estampada nas revistas RTJ 110/226 e RTJ 93/238.

O modelo concentrado atribui o julgamento dos casos de controle de constitucionalidade ao Supremo Tribunal Federal (art. 102 da CF/88) ou aos Tribunais de Justiça, em se tratando de Estados Federados ou do Distrito Federal (art. 125, § 2º, da CF/88), por meio

---

104 Relator: Ministro Sepúlveda Pertence, publicado no Diário Oficial de 29.08.1997.

105 Supremo Tribunal Federal, RE 103.568-RJ, Relator: Ministro Sydney Sanches, julgamento em 21.02.1986.

de ações específicas (interventivas, de inconstitucionalidade de lei ou ato normativo, em abstrato e as ações declaratórias de constitucionalidade), as últimas apenas no âmbito da União Federal, todas com titularidade restritas, com previsão no art. 103 da Constituição Federal ou nas respectivas Constituições Estaduais, conforme o caso concreto.

Aos Tribunais de Justiça Estaduais é atribuída competência para processamento e julgamento das representações de inconstitucionalidade de leis ou atos normativos estaduais ou municipais em face da Constituição Estadual (art. 125, § 2º, da Constituição Federal), como também das ações declaratórias de inconstitucionalidades interventivas para observação de princípios constitucionais do Estado Federativo; em se tratando da Constituição do Estado de Minas Gerais, a matéria está disciplinada no art. 118, como também no art. 120, daquele Estatuto Estadual.

Confirmando nosso posicionamento, José Carlos Barbosa Moreira: "Presenta el sistema brasileño, como se ve, características ecléticas: hay un control incidental y difuso y un control directo y concentrado".[106]

Mesclada, ainda, é a aparição do controle de constitucionalidade pelo sistema político, com atribuição ao Congresso Nacional, por meio de suas Comissões (art. 58, § 1º, da CF/88), de declarar a inconstitucionalidade de projetos de lei, e ao Presidente da República (art. 66, § 1º, da CF/88), de vetar a lei que entenda inconstitucional. Situações que caracterizam o sistema de controle de constitucionalidade brasileiro como eclético.

O método concentrado é aquele que se exercita por meio das ações diretas a serem julgadas por Tribunais de Cúpula, com titularidade ativa restrita às autoridades legitimadas; seu objeto é a lei ou ato normativo; em tese, o efeito do julgamento é retroativo, ou seja, *ex tunc*, com a exclusão da lei do ordenamento jurídico ao qual pertence o Tribunal que proferiu o julgamento.

---

106 *Temas de direito processual*, Sexta Série, São Paulo, Saraiva, 1997, p. 183.

Haverá eficácia de coisa julgada *erga omnes*, sem necessidade de comunicação do resultado do julgamento ao Senado Federal, portanto o efeito do julgamento equivale à nulidade da lei.

Coaduna com o nosso pensamento Celso Seixas Ribeiro Bastos: "Em resumo: em nome do princípio da validade da norma em função da sua adequação à norma hierárquica superior, conclui-se que toda norma infringente da Constituição é nula".[107]

A jurisprudência confirma a doutrina, como se percebe do julgamento do RE 93.356-MT: "Declaração de inconstitucionalidade em ação direta. Efeito *ex tunc*, assim reconhecido pelo acórdão local".[108]

O modelo concentrado de controle de constitucionalidade brasileiro é exercido por meio da ação direta de inconstitucionalidade interventiva, cujo objeto é a declaração da inconstitucionalidade de um ato administrativo, como, por exemplo, deixar de aplicar percentual mínimo da receita em saúde e educação ou inobservância de princípios constitucionais basilares, na elaboração do ato legislativo, com fundamento nos arts. 34, VII, 35, IV e 36, III, com titularidade exclusiva ao Procurador-Geral da República (art. 36) ou de Procurador-Geral de Estado (art. 129, IV), todos da Constituição Federal de 1988.

Como também é exercido pela ação direta de inconstitucionalidade de lei ou ato normativo em abstrato (art. 102, I, *a*, da CF/88), ação direta de inconstitucionalidade por omissão (art. 103, § 2º, da CF/88), ação declaratória de constitucionalidade ou de inconstitucionalidade (art. 103, *caput*, da CF/88), arguição de descumprimento de preceito fundamental (art. 102, § 1º, da CF/88), reclamação ao Supremo Tribunal Federal (art. 103-A, § 3º, da CF/88).

Há também a representação de inconstitucionalidade de lei ou ato normativo estadual ou municipal, em face da Constituição Estadual, com competência de julgamento aos Tribunais de Justiça (art.

---

107 *Perfil constitucional da ação direta de declaração de inconstitucionalidade*, artigo publicado na Revista de Direito Público 22/28.

108 Julgamento em 24.03.1981, Relator: Ministro Leitão de Abreu, publicado em RTJ 97/1369.

125, § 2º, da CF/88), chamada por parte da doutrina de ação direta de inconstitucionalidade de leis estaduais.

O posicionamento doutrinário tem respaldo na moderna jurisprudência estampada no julgamento da ADIn 0004/2000,[109] com estas considerações: "A Constituição Federal de 1988 assentiu no seu art. 125, § 2º, a existência de ação direta de inconstitucionalidade de atos normativos estaduais e municipais ante os dispositivos da Constituição Estadual, a ser processada e julgada pelo Tribunal de Justiça".

Existe também a representação para intervenção dos Estados nos Municípios que nele se localizarem para cumprimento de princípios da Constituição Estadual, de lei ordinária, de execução de ordem ou decisão judicial (art. 35, IV, da CF/88), também cognominada de ação direta de inconstitucionalidade interventiva estadual.

Não há no Brasil possibilidade de controle de constitucionalidade de lei municipal perante a Constituição Federal, por ação direta, em face da inexistência de previsão constitucional (art. 102, I, *a*, da CF/88).

Poderá existir o controle difuso, que chegará, em tese, ao Supremo Tribunal Federal, se tiver repercussão geral, por meio de Recurso Extraordinário (art. 102, III, da CF/88).

Excluídos ficam também os atos administrativos que se sujeitam ao controle de constitucionalidade, por meio de ações próprias, como, por exemplo, o mandado de segurança.

Este é o tratamento do controle de constitucionalidade na Constituição Federal brasileira de 1988, que, pelas suas peculiaridades, se trata de sistema eclético, mesclando partes do sistema político, com tratamento preventivo da constitucionalidade, e o sistema judicial, com tratamento repressivo da inconstitucionalidade, utilizando-se do método difuso, como também do método concentrado.

---

[109] Julgamento em 22.11.2001, Relator: Desembargador Gilson Gois Soares, publicado na RT 797/396.

2.12. Reflexões sobre o controle de constitucionalidade no Brasil, pós-Constituição Federal de 1988

O controle de constitucionalidade no Brasil, depois da Constituição de 1988, continuou deficiente, relegando as pretensões constitucionais do cidadão comum à titularidade ativa concedida a legitimados específicos com representação processual coletiva, como é o caso do Presidente da República, da Mesa do Senado Federal, da Mesa da Câmara dos Deputados, da Mesa das Assembleias Legislativas e do Governador de Estado, entre outros.

O cidadão, que é o cerne do Estado, continua sem acesso ao controle de constitucionalidade na modalidade difusa, faltando-lhe o meio processual para guindar a sua pretensão constitucional de mera lide, pré-processual, a demanda que deverá ser analisada e decidida pela função judiciária, com o efeito e a amplidão que se dá à coisa julgada, que inclusive teve tratamento constitucional previsto na Constituição Federal de 1988.

O surgimento da arguição de descumprimento de preceito fundamental, prevista no art. 102, § 1º, da Constituição Federal de 1988, que depois teve o processamento disciplinado pela Lei 9.882/99, não ocupou o espaço, a lacuna que existe no controle de constitucionalidade brasileiro, anterior e posterior à Constituição de 1988, no sentido de atribuir titularidade ao cidadão para obter o controle de constitucionalidade, em primeiro grau de jurisdição, na modalidade difusa.

Note-se que a arguição de descumprimento de preceito fundamental atribui legitimidade para seu exercício, no art. 2º, I, da Lei 9.882/99, aos mesmos "legitimados para a ação direta de inconstitucionalidade", quais sejam: Presidente da República, da Mesa do Senado Federal, da Mesa da Câmara dos Deputados, da Mesa das Assembleias Legislativas e o Governador de Estado, entre outros.

Não é difícil notar que nem a Constituição brasileira de 1988, que introduziu no Brasil o Estado Democrático de Direito, nem o sistema processual brasileiro atribuem titularidade ao cidadão para deduzir sua pretensão constitucional, pelo método difuso, junto à função judiciária em primeiro grau de jurisdição, apenas o fazendo de maneira tímida nos arts. 480 a 482 do Código de Processo Civil.

Note-se que de maneira desrespeitosa ao cidadão o controle de constitucionalidade brasileiro, pré e pós-Constituição de 1988, continua falho, alijando o cidadão de meio processual adequado para ter acesso ao Judiciário, no que diz respeito ao trtamento científico do controle de constitucionalidade, pois o nosso controle de constitucionalidade está a transformar a pretensão constitucional, alusiva ao método difuso, deduzida em primeiro grau de jurisdição, de pretensão prejudicial incidental, com julgamento de mérito, em preliminar constitucional com julgamento fora dos ditames da coisa julgada.

Dimana que, segundo pensamos, está aberto o campo, está provada a necessidade para introdução da ação declaratória incidental de inconstitucionalidade, no controle de constitucionalidade brasileiro, suprindo lacuna do tratamento da matéria, em primeiro grau de jurisdição, e tratando com dignidade e propiciando acesso à função judiciária ao cidadão brasileiro hoje tão relegado ao descaso pela nossa Constituição Federal e por nossas leis processuais, nesta matéria.

Capítulo 3

Ação Declaratória Incidental de Inconstitucionalidade

3.1. Surgimento da ação declaratória. 3.1.1. As ações prejudiciais. 3.1.2. Juízos provocatórios. 3.1.2.1. Juízo provocatório *ex lege diffamari*. 3.1.2.2. Juízo provocatório *lex si contendat*. 3.1.3. Litígio entre pretendentes. 3.1.4. Obtenção de segurança jurídica. 3.1.5. O procedimento documental. 3.1.6. O procedimento documental renovatório. 3.1.7. A *querella nullitatis* ou a ação de nulidade. 3.1.8. A demanda incidental. 3.1.9. Objeto da ação declaratória. 3.2. Cabimento da ação declaratória como instrumento de controle de constitucionalidade. 3.3. Lide constitucional. 3.4. Questão prejudicial constitucional. 3.5. Competência para julgamento da ação declaratória incidental de inconstitucionalidade. 3.6. Condições da ação declaratória incidental de inconstitucionalidade. 3.6.1. Falta de interesse de agir. 3.6.2. Possibilidade jurídica do pedido. 3.6.3. Legitimidade das partes. 3.7. Requisitos para o ajuizamento da ação declaratória incidental de inconstitucionalidade. 3.7.1. Inexistência de impedimento jurídico ao ajuizamento da demanda incidental de inconstitucionlidade no processo "pós-moderno". 3.7.2. Preclusão, prescrição e caducidade da ação declaratória incidental de inconstitucionalidade. 3.7.3. Ação declaratória de inconstitucionalidade conexa. 3.7.4. Competência para o julgamento da ação declaratória de inconstitucionalidade conexa. 3.8. Petição inicial da ação declaratória incidental de inconstitucionalidade. 3.8.1. Causa de pedir. 3.8.2. Valor da causa. 3.9. Objeto da ação declaratória incidental de inconstitucionalidade. 3.10. Cabimento da ação declaratória incidental de inconstitucionalidade no direito processual brasileiro. 3.11. Finalidade da ação declaratória incidental de inconstitucionalidade. 3.11.1. Diferença de outras ações com finalidade de exercício do controle de constitucionalidade. 3.12. Tutela antecipada e revelia na ação declaratória incidental de inconstitucionalidade. 3.13. Julgamento antecipado da lide e atuação do Ministério Público. 3.14. Efeitos do ajuizamento da ação declaratória incidental de inconstitucionalidade. 3.15. Sentença na ação declaratória incidental de inconstitucionalidade. 3.15.1. Ineficácia particular e ineficácia geral da lei declarada inconstitucional. 3.15.2. Natureza jurídica da sentença. 3.15.3. Efeitos da sentença. 3.15.4. Efeitos secundários da sentença. 3.16. Recurso do julgamento da ação declaratória incidental de inconstitucionalidade. 3.17. Coisa julgada na ação declaratória incidental de inconstitucionalidade. 3.18. Cumprimento de sentença na ação declaratória incidental de inconstitucionalidade.

3.1. Surgimento da ação declaratória

O surgimento da ação declaratória é controvertido na doutrina pátria e alienígena, pairando as divergências quanto ao seu alcance e ao ordenamento jurídico do qual se originou.

No Brasil, Edson Prata,[1] representante da escola de processualistas do Tiângulo Mineiro, informa que os precedentes da ação declaratória advêm do Direito romano, de forma mais precisa do Período das *Legis Actiones*, quando leciona: "Trata-se do primeiro período do sistema de justiça privada romana. Surgiu provavelmente com as primeiras manifestações do sentimento de direito do povo romano e se corporificou, em definitivo, com a Lei das XII Tábuas". E encerra dizendo: "Podemos dividir as ações da lei em declaratórias e executivas. São declaratórias: a) *per sacramentum*, por aposta sacramental; b) *iudicis postulatio*, ou petição de juiz; c) *per conditionem*, ou pedido de prazo".

Na Argentina, sustenta Guillermo J. Enderle que seu nascedouro foi no Direito Egípcio, com estas considerações: "Los primeros antecedentes de la figura em estúdio los hallamos em los documentos judiciales greco-egipcios".[2]

Na Itália, Giuseppe Chiovenda entende que a origem da ação declaratória ocorreu de forma bifronte, citando para tanto o Direito romano ao lado do Direito egipício, quando doutrina: "Nel processo clássico servivano a questo scopo le formulae praeiudiciales o praeiudicia". E termina: "Quanto ai documenti giudiziali greco-egizi essi ci presentano esempi di tipiche azioni d'accertamento".[3]

---

1 *História do processo civil e sua projeção no direito moderno*, Rio, Forense, 1987, p. 61-2.

2 *La pretensión meradamente declarativa*, 2ª ed., Buenos Aires, Platense, 2005, p. 61.

3 *Istituzioni di diritto processuale civile*, Vol. I, Napoli, Eugenio Jovene, 1947, p. 187-8.

Na Alemanha, Weismann,[4] citado por Prieto Castro,[5] faz um brilhante estudo sobre as origens e conteúdo da ação declaratória, quando leciona: "Casos especiales de declaración ofrece algunos el Derecho germânico: a) El litigio entre pretendientes... b) Provocatio ad agendum... c) Obtención de seguridad". Continua: "El derecho franco: a) procedimiento inquisitorial... b) procedimientos que se ha encontrado en algunos documentos (...) solicitándose su reconocimiento (...) renovado el documento en que constaban en el mismo plazo, so pena de extinción del crédito y de la caducidad del titulo". E termina: "El Derecho italiano: a) Las acciones as *silentium imponi*... b) Confirmación judicial... c) Acción de nulidad (*querella nullitatis*) (...) f) La demanda incidental... g) La provocación singular que hemos visto antes para la renovación de los títulos de deuda... h) *Publicatio testium*... i) El procedimiento provocatorio... j) las provocaciones especiales *ex lege diffamari y lex si contendat*. Son el llamado litigio entre pretendientes y la apelación extrajudicial".

Apenas por entendê-la como a mais completa e a mais cientificamente defensável dentre as pesquisadas, passaremos a tecer alguns comentários sobre a doutrina de Weismann, acima mencionado, da forma que se segue:

3.1.1. As ações prejudiciais

Duas facções doutrinárias disputam a primazia de terem encontrado a origem das ações declaratórias. Ambas têm origem alemã, como demonstraremos a seguir.

Uma corrente é liderada por Weismann,[6] com sua "Die Festellungsklage", que se traduz do alemão para o português por "ação declaratória", que sustenta a origem miscigenada, a origem mesclada da ação declaratória, fundindo institutos e princípios de várias culturas jurídicas para chegar ao que chamamos hoje de ação declaratória,

---

4 *Die Feststellungsklage* (Da ação declaratória), Bonna, Sine Editora, 1879, p. 13-32.

5 *La Accion Declarativa*, Madrid, Reus, 1932, p. 14 e ss.

6 *Die Festellungklage*, Bonna, Sine Editora, 1879, p. 13-32.

disciplinada pelo art. 4º, como também pelos arts. 5º e 325 do Código de Processo Civil.

Outra facção doutrinária é liderada por Degenkolb,[7] com exposição feita na obra "Einlassungszwang und Urteilsnorm", cuja tradução para o vernáculo é "Intervenção coativa e força normativa da sentença", que assevera que a ação declaratória se originou dos *praejudicia* do Direito romano.

A segunda corrente, ou seja, a liderada por Degenkolb, na obra acima mencionada, tem em solo brasileiro seguidores de nomeada, dentre eles podem ser citados Alfredo Buzaid,[8] como líder pátrio desta corrente de pensadores, em sua *Ação declaratória*, que sustenta: "A despeito do brilho com que foi sustentada, esta opinião não merece acolhida. A existência das *formulae et actiones praeiudiciales*, no direito romano clássico, denota claramente que, além da tutela judicial posterior à violação do direito, existia uma forma autônoma, sem *condemnatio* e composta somente de *intentio*, denominada *praeiudicium*, consistente em um juízo normativo de eventual juízo sucessivo, aplicado nas situações ou questões de estado e nas mais variadas hipóteses de incerteza jurídica. Os romanos não só tiveram consciência da função declaratória das ações prejudiciais, mas as distinguiram das ações de condenação".

Na mesma linha o entendimento de Celso Agrícola Barbi,[9] no compêndio *Ação declaratória principal e incidente*, quando leciona: "As fórumlas prejudiciais não existiam, porém, apenas como juízos preparatórios de outros a serem decididos, mas também como questões principais e independentes de quaisquer outras. Segundo Chiovenda, são numerosos os casos obtidos nas fontes romanas em que os *praejudicia* constituíam casos típicos de ação declaratória, tal como hoje é admitida".

---

7 *Einlassungszwang und Urteilsnorm*, Leipzig, Sine Editora, 1877, p. 145-6.

8 *Ação declaratória*, 2ª ed., São Paulo, Saraiva, 1986, p. 19.

9 *Ação declaratória principal e incidente*, 4ª ed., Rio, Forense, 1977, p. 22.

Acompanhando o mesmo raciocínio estão Adroaldo Furtado Fabrício,[10] Ada Pellegrini Grinover[11] e João Batista Lopes.[12]

Não obstante, ousamos discordar da doutrina retromencionada, pois o próprio Alfredo Buzaid, na sua *Ação declaratória*, leciona: "O direito brasileiro, em face desse instituto, deu-lhe um tratamento diverso do que é dispensado na França, na Itália, na Inglaterra e noutros países da Europa. Enquanto lá só pode ser declarada a usucapião quando o réu exerce o direito de defesa, o Brasil deu um passo adiante, atribuindo ao possuidor uma aço tendente a declarar a aquisição da propriedade".

Na mesma linha de raciocínio, Celso Agrícola Barbi,[13] no compêndio *Ação declaratória principal e incidente*, informa: "Ao elaborar-se o Código Processual para o Império alemão, foram abandonados esses Juízos, sendo a lacuna preenchida pela introdução da ação declaratória. A origem desta nesse Código não deve, porém, ser buscada na *actio praejudicialis* romana, nem nos juízos provocatórios. O direito processual francês usava, tradicionalmente, um tipo de ação destinada ao reconhecimento de escritos e títulos — *action em reconnaissance d'ecrit ou de titre* —, a qual se encontrava na Ordenança de Villers-Cotterets, de agosto de 1539, no § 92, e essa ação foi introduzida na Alemanha na segunda metade do século XVI".

Logo, se na Alemanha a ação declaratória não advém das ações prejudiciais, porém das ações de reconhecimento francesas; se a ação de usucapião é exemplo de ação declaratória, como menciona o saudoso Prof. Alfredo Buzaid; se, na verdade, a ação de usucapião não retrata uma descendente das "ações prejudiciais", mas caso típico de "litígio entre pretendentes" de um bem corpóreo, logo nem toda ação declaratória teve origem nas ações prejudiciais.

---

10 *Ação declaratória incidental*, Rio, Forense, 1976, p. 24.

11 *Ação declaratória incidental*, São Paulo, Revista dos Tribunais, 1972, p. 18.

12 *Ação declaratória*, 4ª ed., São Paulo, Revista dos Tribunais, 1997, p. 36.

13 *Ação declaratória principal e incidente*, 4ª ed., Rio, Forense, 1977, p. 29.

As evidências doutrinárias estão a indicar a origem multiprocesssual da ação declaratória hoje vigente no Brasil, advinda de vários ordenamentos processuais oriundos de diversas nações.

Posto isto, entendemos, com a devida "venia", que as *formulae praeidiciales* eram ações que não tinham cunho condenatório, na verdade, tratava-se de requisitos para o ajuizamento de outras ações.

Nos tempos de Justiniamo, as "fórmulas prejudiciais" tiveram seu conteúdo ampliado, abrangendo novos casos de falta de certeza, donde tiveram origem as ações prejudiciais.

É bem verdade que as ações prejudiciais romanas tinham um pequeno conteúdo declaratório, mas tal situação não nos autoriza a afirmar que os romanos tinham conhecimento científico de tal natureza jurídica e muito menos que aquelas foram as antecedentes das atuais ações declaratórias.

Mesmo porque no Direito processual civil brasileiro, as ações condenatórias ou constitutivas que são manejadas por meio da reconvenção (art. 315 do CPC) possuem, claramente, conteúdo prejudicial, no sentido de que podem influir no resultado da demanda, alterando-o, sem que, no entanto, sejam declaratórias.

Este é o conteúdo da doutrina de Lopes da Costa,[14] com estas considerações: "Dá-se a conexão: (...) 5 — Entre a ação do autor e a do réu que se limita à contestação direta (ação declaratória negativa) (...) 8 — Entre a ação e a reconvenção (art. 190). Entre a ação (*conventio*) e a reconvenção (*reconventio*) podem passar várias espécies de relação: a) uma relação de compensabilidade. O autor aciona cobrando certa quantia; e o réu reconvem, cobrando outra. Procedentes as duas ações, dar-se-á compensação entre as duas dívidas. b) uma relação de prejudicialidade. Quando a decisão sobre uma causa importa o prejulgamento da outra (*praejudicium*)".

Outrossim, é forçoso salientar que a ação declaratória brasileira, tanto a principal ou propriamente dita prevista no art. 4º do Código de Processo Civil, como a ação declaratória incidental tipificada nos arts. 5º e 325 também do Código de Processo Civil, podem ter

---

14 *Direito processual civil*, Vol. I, 2ª ed., Rio, Konfino, 1947, p. 188.

conteúdo prejudicial, ou seja, influir no resultado de outra demanda sem que isso caracterize que sua origem tenha sido, especificamente, nas vetustas *formulae praeidiciales* romanas.

Salutar é o entendimento de Prieto Castro,[15] que tece estas considerações: "Desde luego, las acciones praeiudiciales tienen un cierto carácter declartório, pero el hecho de su existência en el Derecho romano no autoriza a pensar que los romanos tuvieran consciência de la declaración del derecho, en el sentido actual".

Ainda em abono ao nosso entendimento, a respeitada doutrina de Oskar von Bulow, com este conteúdo: "Quedan todavia las dos excepciones prejudiciales en favor de la hereditatis y de la *praedi vindicatio*", e termina: "Que en las fuentes sólo se encuetram las dos excepciones especiales *quod praejudicium hereditati non fiat y quod praejud. Praedium non fiat*".

3.1.2. Juízos provocatórios

A *provocatio ad agendum*, também conhecida pela alcunha de "juízo provocatório", teve origem germânica e surgiu depois do desaparecimento das "ações prejudiciais" no Direito intermédio.

Os "juízos provocatórios" consistiam em provocar o adversário a propor uma ação na qual, entre outros fundamentos, variando conforme o objetivo da parte ativa, a parte passiva deveria sustentar a afirmação da qual se gabava, sujeitando-se ao resultado do embate.

Segundo pensamos, em sentido amplo, os "juízos provocatórios" estão mais perto de ter sido os antecedentes da intervenção *iussu iudicis*, que não foi disciplinada pelo Código de Processo Civil brasileiro.

Isso porque a parte passiva não era citada para compor um dos pólos da relação jurídica processual, mas provocada a propor uma demanda.

---

15 *La accion declarativa*, Madrid, Reus, 1932, p. 10.

Este instituto disciplina a possibilidade de que o representante da função judiciária determine a terceiro, não integrante da demanda, que dela participe e submeta-se ao seu resultado.

No Direito processual civil brasileiro, esta matéria foi estudada por Moacyr Lobo da Costa,[16] quando leciona: "Entre outras finalidades o instituto da intervenção tem a finalidade de integrar o juízo. O escopo de integrar o juízo pode ser, assim, uma das razões de oportunidade que podem determinar o juiz a ordenar de ofício a intervenção para suprir a omissão da parte".

Os mais conhecidos "juízos provocatórios" foram: a) *ex lege diffamari* e b) *lex si contendat*.

3.1.2.1. Juízo provocatório *ex lege diffamari*

O *ex lege diffamari* era o procedimento segundo o qual o difamador era citado para comparecer em juízo e sustentar a afirmação que propalou. Se ocorresse a improcedência do pedido do difamador, este deveria guardar silêncio perpétuo.

No entanto, com um pouco de imaginação, dá para se pensar que o "juízo provocatório" da *ex lege diffamari* tenha sido o ancestral da ação declaratória negativa ou, como também é designada, da ação declaratória de inexistência de relação jurídica.

Conforme nosso raciocínio, a festejada doutrina de Humberto Cuenca,[17] com estas letras: "En los procesos provocatorios, de origem germánico, según los cuales si alguien se jactaba (iactatio) públicamente de que outra persona que aparentaba ser libre y en realidad era siervo, podia ser citado por el difamado, para que sostuviera su afirmación y caso de no comparecer quedaba obligado a guardar perpetuo silencio (*impositio silentii*) sobre sua jactância. De esta manera, en sus orígenes históricos medievales, la acción declarativa y la jactância aparecen embrazadas".

---

16 *A intervenção* iussu iudicis *no processo civil brasileiro*, São Paulo, Saraiva, 1961, p. 38.

17 *Derecho procesal civil*, Tomo 1, Caracas, UCV, 1976, p. 170.

3.1.2.2. Juízo provocatório *lex si contendat*

No juízo provocatório cognominado de *lex si contendat*, o fiador era citado para pagamento e, em razão deste fato, provocava o credor a demandar os demais co-fiadores solventes para dividir com ele o pagamento da obrigação que lhe era imposta.

O "juízo provocatório" da *lege si contendat* pode constituir-se em antecedente remoto da nossa intervenção de terceiros, alcunhada de "chamamento ao processo" e disciplinada pelo art. 77 e seguintes do Código de Processo Civil pátrio.

No instituto brasileiro, o fiador demandado para o pagamento de obrigação da qual é co-responsável, em processo de conhecimento de rito ordinário, poderá trazer ao processo, para também responder pela dívida, o devedor principal não demandado e os demais fiadores não integrantes do pólo passivo da relação processual.

A nosso juízo, para que o juiz do feito defira o pedido do fiador de integração à demanda dos demais co-obrigados, também detentores da condição jurídica de fiadores, deverá analisar a existência ou inexistência da relação jurídica de fiança existente entre eles, em verdadeiro juízo declaratório, e em caso positivo, autorizar o chamamento ao processo.

Muito embora no atual direito processual civil brasileiro o chamamento ao processo não seja, tipicamente, uma ação, mas instituto destinado a ampliar o pólo passivo da demanda e formar título executivo judicial que garanta ao fiador, em caso de procedência de pedido, exercer direito de regresso em face de outros fiadores, a natureza da decisão que julga o pedido é declaratória.

De acordo com o nosso raciocínio, a doutrina de Enrico Tullio Liebman,[18] quando leciona: "Perciò la chiamata in causa, in sè e per sè, pone il terzo nella situazione di assistere al processo rimanendo ai margini di esso; tutto quello che si può ammettere è che la chiamata implichi la proposizione di uma domanda di accertamento nei confronti del terzo, la quale estenda anche a lui gli effetti della sen-

---

18 *Manuale di diritto processuale civile*, Vol. I, Milano, Giuffrè, 1968, p. 157.

tenza che sara pronunciata sulla causa originaria tra le parti principali, di modo che valga anche per lui l'accertamento dei punti di fatto e di diritto che valga anche per lui l'accertamento dei punti di fatto e di diritto che sono comuni anche a suo rapporto".

Situação que demonstra a proximidade do instituto italiano com o aparentado brasileiro e salienta ainda a natureza declaratória do julgamento de ambos, quando declara a existência de uma relação jurídica de fiança entre os co-fiadores e o devedor em favor do credor.

3.1.3. Litígio entre pretendentes

O "litígio entre pretendientes" do antigo direito italiano retratava uma situação na qual diversas pessoas alegavam ter a posse ou a propriedade de certo bem, sendo que a demanda era resolvida por meio de uma ação de natureza declaratória que julgava a posse ou a propriedade a favor de um dos beligerantes.

A figura do "litígio entre pretendentes" foi transplantada para o direito processual civil brasileiro por meio de várias ações específicas, como, por exemplo, as ações possessórias (art. 920 do CPC), as ações dominiais, a ação de usucapião (art. 941 do CPC), a ação de oposição (art. 56 do CPC), onde em uma ou em outra circunstâncias as partes da relação jurídica processual disputam a posse ou direito sobre determinado bem da vida.

Esclareça-se que no direito processual brasileiro a intervenção de terceiros é denominada oposição; na verdade, trata-se de verdadeira ação onde terceiro entende ser detentor de relação jurídica sobre a coisa ou o direito que controvertem, que demandam, autor e réu, e ajuíza a oposição com o objetivo obter para si, total ou parcialmente, o objeto do processo.

A nosso juízo, o julgamento do pedido deverá ocorrer por meio de uma sentença que possua dois capítulos: no primeiro, verdadeiramente de natureza declaratória, será julgada a existência ou inexistência de relação jurídica do terceiro-opoente em face do autor-primitivo.

Em caso de procedência do pedido declaratório, passar-se-á então ao julgamento do pedido condenatório do réu-primitivo a cumprir a obrigação em favor do terceiro-opoente.

As evidências indicam que, em regra, a oposição brasileira tem natureza dúplice, ou seja, uma demanda de natureza declaratória do terceiro-opoente em face do autor-primitivo, cuja procedência exclui a sua pretensão, e outra demanda de natureza condenatória do terceiro-opoente em face do réu-primitivo, cuja procedência fará com que este cumpra a obrigação em favor do terceiro-opoente.

A ação de oposição apenas será totalmente de natureza declaratória se a relação jurídica objeto da demanda entre autor e réu primitivos for declaratória e a oposição do terceiro tiver a mesma natureza, como no caso, por exemplo, de autor e réu beligerarem sobre a propriedade de um bem e o terceiro-opoente ajuíze uma oposição alegando o usucapião do mesmo bem.

Neste diapasão é a doutrina de Antonio Segni,[19] quando esclarece: "ma può essere di accertamento contro il convenuto e di condanna contro l'attore se questi, nel primo processo, essendo al possesso della cosa, proponga una domanda di accertamento negativa contro il primo convenuto, o potrà essere di accertamento verso le due parti nel primo processo".

No que pertine às ações possessórias, à ação de usucapião e às demais ações dominiais, a procedência do pedido declara com relação à primeira a existência ou inexistência de relação jurídica de posse, e com relação às últimas, a presença ou ausência de relação jurídica de propriedade dimana, no direito processual civil brasileiro, a natureza declaratória da sentença que julga tais pedidos.

Este instituto, do "litígio entre pretendentes", a nosso juízo, pode ter sido o ponto de partida da ação declaratória positiva, qual seja, aquela que declara existente uma relação jurídica entre pessoas ou entre pessoas e coisas da forma como foi disciplinada no direito processual civil brasileiro.

---

19 "Intervento in causa", in *Novissimo digesto italiano*, Vol. VIII, Turim, UTET, 1957.

Ratificando nosso entendimento, a festejada doutrina de Degenkolb, citado por Adolph Wach,[20] quando patenteia: "Con no menos razón podría decirse que la *reivindicatio* tiende al reconocimiento del derecho de domínio".

3.1.4. A obtenção de segurança jurídica

Já no que diz respeito à obtenção de segurança jurídica como finalidade da ação declaratória, a tese originou-se, segundo pensamos, na "obtención de seguridad" do Direito francês e suas aparentadas do Direito italiano, quais sejam: "a) las acciones ad silentium imponi... b) Confirmación judicial".

As ações retromencionadas claramente buscavam a formação da coisa julgada, situação que não lhes tira o condão de ação declaratória positiva.

Esclareça-se que a segurança jurídica advém da qualidade de coisa julgada e não da natureza jurídica da ação declaratória.

Confirmando nosso entendimento, a abalizada doutrina de Weismann,[21] citado Wach,[22] quando leciona: "En la medida quela fuerza de cosa juzgada de la sentencia constituye uma garantia, se podrá todavia definir la acción declarativa como acción de garantia".

3.1.5. O procedimento documental

O "procedimento documental de reconhecimento" do Direito francês pode ter sido o embrião da ação declaratória de falsidade ou de autenticidade documental prevista no Direito processual civil brasileiro.

Em abono ao nosso entendimento, a doutrina de Giuseppe Chiovenda, quando noticia: "Del resto il code de procédure civile ha esercitato una notevole influenza sullo sviluppo dell'azione

---

20 *La pretensión de declaración*, Buenos Aires, Ejea, 1952, p. 28.

21 *Hauptintervention*, Leipzig, Sine Editora, 1884, p. 79.

22 *La pretensión de declaración*, Buenos Aires, Ejea, 1952, p. 29.

d'accertamento nelle moderne leggi europee, perchè esso contiene (art. 193 e 214) quell'azione per reconnaissance el vérificastion d'écriture privée e quell'azione per dichiarazione di falso che — come ho già osservato — hanno servito di esempio al legislatore germanico nella costruzione dell'azione generale d'accertamento".

3.1.6. O procedimento documental renovatório

Já o "procedimento documental renovatório", do Direito francês e a "provocación singular que hemos visto antes para la renovación de los títulos de deuda" do Direito italiano nos parecem ser os precursores da ação monitória brasileira, disciplinada no art. 1.102-a do nosso Código de Processo Civil.

Confirmando nosso pensamento, a doutrina de James Goldschmidt, com estas considerações: "El procedimiento monitório procede del begingter Mandatsprozess del Derecho común, el que a su vez tiene sus antecedentes em los 'praecepta mandata de solvendo cum clausula iustificativa' dos italianos, y mediatamente em los *indiculi commonitorii*" dos francos".

3.1.7. A *querella nullitatis* ou ação de nulidade

A "Acción de nulidad (*querella nullitatis*)", continua sendo utilizada no Direito processual brasileiro como meio processual adequado para se declarar a nulidade de ato jurídico *lato sensu*, portanto, na atualidade é utilizada como subtipo de ação declaratória negativa.

Tal circunstância demonstra por si só que a existência da ação declaratória de nulidade exclui a possibilidade jurídica de que as *praejudicia* do Direito romano tenham sido a única fonte das atuais ações declaratórias manejadas pelo Direito processual civil brasileiro.

A *querella nullitatis* é sempre lembrada naqueles casos em que o Direito processual civil brasileiro exclui a possibilidade de exercício da ação rescisória, disciplinada pelo art. 485 do Código de Processo Civil, quando de fato e de direito a sentença que se quer impugnar é eivada de nulidade por falta de condições da ação ou de pressupostos processuais.

Na atualidade, ação declaratória de nulidade ou *querella nullitatis* está em pleno uso no Direito processual brasileiro a servir de instrumento à tese da relativização da coisa julgada civil fundada na sua inconstitucionalidade.

Avalizando nosso posicionamento, no sentido de que a *actio nullitatis* do Direito Romano e do Direito germânico medieval é também uma das precedentes da atual ação declaratória brasileira, a abalizada doutrina de Piero Calamandrei, quando esclarece: "hay por lo menos un caso, pues, en que la nulidade de una sentencia puede ser hecha valer, no ya através de los medios de impugnación, sino mediante una normal acción de declaración de certeza, *actio nullitatis* dirigida a hacer declarar, sin limites de tiempo, que la sentencia ha sido desde el comienzo, y continua siéndolo, inválida e inapropiada para pasar en cosa juzgada".

Posicionamento diferente é o trilhado pelo tratadista português Antunes Varela,[23] com estas considerações: "Por outro lado, quando a sentença admita recurso ordinário, o recurso pode ter como fundamento qualquer das nulidades constantes das alíneas b) a e) do nº 1 do artigo 668º (assim se tendo dado mais um passo no sentido de que as legislações há muito vêm trilhando, da absorção da velha *querella nullitatis* pela *appelatio*)".

Entendemos que o posicionamento mais aplicável ao processo civil brasileiro é o ligado à doutrina de Calamandrei, pois a inexistência de relação jurídica é campo de atuação da ação declaratória (art. 4º do CPC) e não do recurso de apelação (art. 513 do CPC).

Sem contar que, no Brasil do Estado Democrático de Direito, não pode passar até vetusta e distorcida que a coisa julgada poderá fazer o branco se tornar negro e o ato nulo se tornar ato jurídico perfeito.

Não é demais lembrar que o tempo de interposição do recurso de apelação, qual seja, quinze dias, pode ser insuficiente para verificação e comprovação de uma nulidade que poderá ser exercitada com maior garantia no prazo decadencial da ação declaratória.

---

23 *Manual de processo civil*, Coimbra, Coimbra, 1984, p. 674.

Ação Declaratória Incidental de Inconstitucionalidade   131

3.1.8. A demanda incidental

A "La demanda incidental" do Direito italiano, oriunda que foi do Direito canônico e de princípio estrutural do Direito francês, possui características que nos autorizam a concluir que tenha sido a antecedente da nossa ação declaratória incidental, constante dos arts. 5º e 325 do Código de Processo Civil brasileiro.

A conclusão que se chega é a de que a ação declaratória brasileira não teve somente uma antecedente, pelo contrário, constitui o somatório de vários procedimentos e ações constantes do Direito francês, do Direito italiano, do Direito canônico, do Direito alemão, entre outros.

No Brasil, a ação declaratória principal chegou por meio do Código Filipino, no Livro III, depois aos Códigos de Processo Civil Estaduais, do Distrito Federal (1924), do Mato Grosso (1928) e de Minas Gerais, em 1929.

Alcançou depois o Código de Processo Civil de 1939, nos arts. 2º e 290, mantida no Código de Processo Civil de 1973, em seus arts. 4º, 5º e 325.

3.1.9. Objeto da ação declaratória

O objeto da ação declaratória no Brasil é a declaração da existência ou inexistência de uma relação jurídica de direito material, constitucional ou processual, portanto não há impedimento de que esta ou aquela relação jurídica seja objeto de ação declaratória, desde que presentes os pressupostos processuais e as condições da ação.

A questão já foi tormentosa quando parte da doutrina sustentava, principalmente, com fundamento em doutrinadores alemães do século passado, que apenas podia ser objeto de ação declaratória as relações jurídicas de direito material.

Como se vê da lição de Enrico Allorio: "En efecto, tiene sentido el distinguir derecho sustancial y proceso solo respecto de las situaciones que o bien del proceso (de declaración) representen el objeto (y a éstas les llamaremos, precisamente por ser objeto de la declaración judicial, situaciones de derecho sustancial)".[24]

De forma divergente leciona Gian Antonio Micheli,[25] ao apresentar estas considerações: "L'accertamento per opera del giudice, dunque, costituice una forma di tutela, in quaqnto definisce autoritativamente una situazione di incertezza circa l'esistenza o le modalità di un diritto (ed in certi casi anche di un fatto)".

Não obstante, a dúvida restou esclarecida no sentido da ampliação do objeto da ação declaratória para nele incluir qualquer espécie de relação jurídica. Tanto é verdade que o Código de Processo Civil brasileiro, quando trata da matéria, não impôs nenhum requisito especial, ademais, o art. 102 da Constituição Federal traz em seu bojo o cabimento de ações declaratórias cuja relação jurídica é de inconstitucionalidade ou de constitucionalidade, claramente de conteúdo mais amplo que o simples Direito material.

Lapidar é o escólio de Leonardo Prieto Castro: "El resultado más perfecto alcanzado en el terreno legal en orden a lo que va constituir objeto de nuestra investigación, la acción de declaración, se encuentra en el enunciado del pár. 256 de la Ordenanza procesal civil alemana, nada mejor que transcribir (...) En declaración de la existencia o inexistencia de una relación jurídica o en reconocimiento de un documento o declaración de la no autenticidad del mismo (...), sea declarada inmediatamente por decision judicial", e termina: "La mera declaración se contenta com ésto. El Juez se limita a declarar que una relación jurídica existe o no existe, que el hecho es así o no. El fallo no tiene más trascendencia, pues, que otorgar fuerza de cosa juzgada a lo que há declarado existente o inexistente".[26]

Interessante notar que o objeto da ação declaratória poderá ser qualquer relação jurídica de direito material, civil, constitucional, penal ou processual, desde que seja concreta.

---

24 *El ordenamiento jurídico en el prisma de la declaración judicial*, Buenos Aires, Ejea, 1958, p. 194.

25 *Corso di Diritto Processuale Civile*, Vol. II, Milano, Giuffrè, 1957, p. 66.

26 *La acción declarativa*, Madrid, Editorial Reus, 1932, p. 73.

Aliás, essa já consistia no ensinamento de Adolh Wach,[27] em 1865, na sua célebre "pretensão de declaração", cujo título pode ser também traduzido por ação declaratória, com estas letras: "La 'relación jurídica' no es un derecho abstrato, objetivo, sino la relación jurídica concreta de una persona, resultante del domínio de la norma jurídica sobre uma configuración de hechos".

3.2. Cabimento da ação declaratória como instrumento de controle de constitucionalidade

No direito processual brasileiro, como no alienígena, travou-se acirrada polêmica processual-científica acerca do cabimento ou não da ação declaratória como instrumento de controle de constitucionalidade.

Na doutrina estrangeira, a primeira a utilizá-la como instrumento de controle de constitucionalidade foi a norte-americana, a partir de 1918, depois de notar a insuficiência do tratamento processual da matéria sob a forma de exceção. Confirma nosso posicionamento a doutrina de Alfredo Buzaid,[28] com estas considerações: "terceiro método de exame judicial da constitucionalidade das leis surgiu recentemente nos Estados Unidos. Trata-se do emprego da ação declaratória".

A doutrina do elogiado processual-constitucionalista brasileiro é corroborada pelos ensinamentos contidos no célebre artigo de autoria de George H. Jaffin,[29] quando esclarece: "Foi estimulado pela corrente de ideias que, a partir de 1918, provocou nos Estados Unidos a penetração cada vez maior do processo da sentença declaratória" (...). E encerra dizendo: "O recurso à sentença declaratória,

---

27 *La pretensión de declaración*, Buenos Aires, Ejea, 1952, p. 8.

28 *Da ação direta de declaração de inconstitucionalidade...*, São Paulo, Saraiva, 1958, p. 27.

29 *Evolução do controle jurisdicional da constitucionalidade das leis nos Estados Unidos*, artigo publicado na RF 86/280.

como meio de levar os juízes a provar a constitucionalidade das leis, desenvolveu-se nas cortes dos Estados muito antes de atingir as cortes federais".

A doutrina portenha é unânime quanto ao cabimento da ação declaratória como instrumento de controle de constitucionalidade. Nesse sentido é a lição de Hugo Alsina,[30] quando patenteia: "Pero, el ejemplo típico de acción declarativa en nuestro pais, lo constituye la demanda de inconstitucionalidad".

Na mesma linha é o escólio de German Bidart Campos,[31] com estas considerações: "En resumen, creemos que tanto procede articular el control de constitucionalidad en la causa que se promueve mediante acción declarativa de certeza" (....), e conclui: "cuanto incitarlo directamente mediante una acción declarativa de inconstitucionalidad pura".

Depois da sedimentação doutrinária, o art. 368 do Código de Procedimento Civil da província de Buenos Aires consagrou, em sede legislativa, a ação declaratória de inconstitucionalidade.

No Uruguai, seu uso é pacífico, como nos demonstra o festejado Eduardo Jimenez de Arechaga,[32] quando elucida: "A ação direta perante a corte, tendente a provocar a sentença de inconstitucionalidade, não desvirtuaria, de modo algum, o desempenho da função jurisdicional (...). Neste caso, como no outro e sempre conforme à fórmula de Bryce, o juiz não sai em busca da lei, mas espera que os particulares a tragam à sua presença para entregar-se a seu estudo".

Na Alemanha, James Goldschmidt preleciona: "Sin embargo, también puede constituir motivo de acción declarativa una relación jurídica de derecho público, en cuanto pueda servir de fundamento a consecuencias jurídicas para que sea accessible la via del proceso civil".[33]

---

30 *Tratado teórico practico de derecho procesal civil y comercial*, Tomo I, Buenos Aires, Cia. Argentina, 1941, p. 200.

31 *La interpretacion y el control constitucionales*, Buenos Aires, Ediar, 1987, p. 187.

32 *A ação declaratória de inconstitucionalidade na Constituição Uruguaia de 1934*, artigo publicado na RF 86/293.

33 *Derecho procesal civil*, Barcelona, Labor, 1936, p. 104.

Perceba-se que o tratadista em estudo autoriza, indiretamente, a utilização da ação declaratória como instrumento de controle de constitucionalidade, ao sustentar que pode ser objeto da ação declaratória qualquer relação de direito público, ramo ao qual se vincula o direito constitucional.

No Brasil, foi vitoriosa a corrente que advogada a possibilidade processual do cabimento da ação declaratória como instrumento de controle de constitucionalidade.

Entre diversos autores podem ser mencionados: Lúcio Bitencourt,[34] quando assevera: "hoje, sem necessidade de modificação da legislação vigente, a ação declaratória já é cabível, estando apenas subordinada à demonstração de legítimo interesse por parte do autor". Themístocles Cavalcanti,[35] ao escrever: "Entre nós, nada impede que, por meio de ação declaratória, aprecie o Poder Judiciário a constitucionalidade de uma lei".

Modernamente a polêmica está vencida, o Código de Processo Civil de 1973 não impõe qualquer restrição ao uso da ação declaratória como instrumento de controle de constitucionalidade e muito menos a Constituição Federal brasileira de 1988 oferece resistência a tal propósito.

Aliás, a Constituição Federal, no seu art. 103, traz em seu bojo as famosas ações declaratórias de constitucionalidade e inconstitucionalidade.

Daí conclui-se que o cidadão brasileiro pode valer-se da ação declaratória como instrumento de controle de constitucionalidade, em primeiro grau de jurisdição, seja pela inexistência de qualquer impedimento legal, seja pela adoção do sistema misto de controle de constitucionalidade adotado pela Constituição Federal de 1988.

Ademais, o Supremo Tribunal Federal apreciou a matéria no julgamento do RE 89.553-GO,[36] no qual beligeravam o Município de

---

34 *O controle jurisdicional da constitucionalidade das leis*, Rio, Forense, 1949, p. 102.

35 *Do controle da constitucionalidade*, Rio, Forense, 1966, p. 96.

36 Julgamento em 24.03.1981, Relator: Ministro Rafael Mayer, publicado em RTJ 97/1191.

Goiatuba (GO) e o Município de Bom Jesus de Goiás (GO), com estas observações: "Ação declaratória — Declaração *incidenter tantum* de inconstitucionalidade — Questão prejudicial — O controle de constitucionalidade por via incidental se impõe toda vez que a decisão da causa o reclame, não podendo o juiz julgá-la com base em lei que tenha por inconstitucional, senão declará-la em prejudicial, para ir ao objeto do pedido".

3.3. Lide constitucional

Para se obter o conceito de lide constitucional, basta adaptar-se a festejada visão carnelutiana, de que lide é o conflito de interesses qualificado por uma pretensão resistida, ou insatisfeita, acrescendo-lhe como fundamento do litígio uma pretensão cuja base seja de direito constitucional.

Pondere-se as palavras de Francesco Carnelutti: "Chiamo lite il conflitto di interessi qualificato dalla pretesa di uno degli interessati e dalla resistenza dell'altro".[37]

Presente a advertência de Piero Calamandrei,[38] de que o conceito de lide de Carnellutti é sociológico e não jurídico, além do que reduz o campo de atuação da jurisdição, com estas considerações: "mi propongo oggi di chiarire ex professo le ragioni del mio dissenso, le quali possono raggrupparsi intorno a due quesiti: primo, se in iure conditio sai esatto, da um punto di vista storico dogmatico, ridurre la giurisdizione a pura decisione di liti; secondo, se in iure condendo sai coveniente, dal punto di vista político legislativo, adottarre il concetto di lite come uno dei capisaldi del nuovo Codice".

Concordamos com a argumentação de que o conceito de lide antes de ser jurídico é sociológico, pelo fato incontornável de que antes de existir, a demanda judicial, o processo em si, com a formação da relação jurídica processual válida, com a presença das partes e da juris-

---

37 *Sistema di diritto processuale civile*, Vol. I, Padova, Cedam, 1936, p. 40.

38 *Il concetto di "lite" nel pensiero di Francesco Carnelutti*, Rivista di diritto processuale civile, Col. V, Parte I, Padova, Cedam, 1928, p. 3.

dição, haverá necessariamente que existir no meio social um conflito entre partes com interesses jurídicos e financeiros antagônicos.

Essa é nossa posição doutrinária firme, defendida há muitos lustros,[39] que realmente o conceito de lide é pré-processual, sendo que o agravamento da intransigência das partes chegará até a seara do Judiciário.

Na Alemanha, Wach informa-nos que Windscheid sustentava que nenhuma ação prejudicial possui pretensão, e transcreve o conteúdo da obra do último com estas considerações: "Si se quiere encontrar em esta actio la expresión de una pretensón (Anspruch), solamente se podrá establecer, como contenido de la misma, que está dirigida al reconocimiento de lo existente. Sin embargo, parece más acertado concebir la actio praeiudicialis solamente como una nueva formación procesal, una presentación o derecho de presentción procesal, al Juez, sin que tenga por base ninguna pretensón de la parte contraria".[40]

O próprio Wach,[41] na obra retromencionada, define pretensão valendo-se dos ensinamentos de Kohler, com estas considerações: "definición de la pretensión: Es la faculdad presente de requerir de outro una activadad o la omisión de una actividad".

No ordenamento processual italiano, entendem não existir lide nos casos de prejudicial de inconstitucionalidade. Mauro Cappelletti,[42] quando doutrina: "accertamento sulla valità costituzionale di una norma legislativa può costituire la soluzione della questione di una lite, ma non esistono nè ua lite tra il cittadino e il legislatore nè un applicazione giurisdizionale di sanzioni contro l'atto incostituzionale".

No mesmo diapasão é o ensinamento de Calamandrei,[43] neste patamar: "sino porque ninguno de los sintomas que se indican como

---

39 Sobre a matéria consulte-se nossa: *Ação declaratória*, São Paulo, Juarez de Oliveira, 2001.

40 *La pretensión de declaración*, Buenos Aires, Ejea, 1952, p. 30.

41 *La pretensión de declaración*, Buenos Aires, Ejea, 1952, p. 62.

42 *La pregiudizialità costituzionale nel processo civile*, Milano, Giuffrè, 1972, p. 20.

43 *Estúdios sobre el proceso civil*, Buenos Aires, Ejea, 1962, p. 84.

típicos de la función jurisdiccional, se encuentran en este control general de constitucionalidad: no se encuentra el caneluttiano de la 'litis' y su composición".

Outrossim, na Espanha, esclarece a tratadista Encarnación Pageo: "desde luego, aparte de otras consecuencias que devienen de este hecho, se puede afirmar tajantemente que no existe en dicho proceso contradicción de intereses".[44]

No processo constitucional brasileiro, de forma precisa na ação declaratória incidental de inconstitucionalidade, da qual trataremos em páginas vindouras, há a presença clara e incontestável de lide constitucional.

É preciso um exemplo para evidenciar a existência de lide constitucional no Direito processual civil brasileiro, nestes termos: se Naiara propõe demanda em face de Samara, cujo pedido é, hipoteticamente, de busca e apreensão de um veículo, sendo que a última já efetuou noventa por cento do pagamento das contraprestações, mesmo assim, a primeira requer a apreensão do veículo, com sua venda extrajudicial, sem devolução do valor de capital e encargos financeiros amortizados, sem a possibilidade de realização de perícia para apuração de eventual excesso.

A última, inconformada com a existência de inconstitucionalidade no dispositivo de lei que autoriza esta atrocidade jurídica, para esquivar-se de sua aplicação, poderá valer-se do instituto em estudo, qual seja, a ação declaratória incidental de inconstitucionalidade, para que seja declarada a inconstitucionalidade material do dispositivo legal, negando sua aplicação e à demanda.

De forma que com a procedência do pedido será deferida oportunidade ao interessado para que seja realizada a prova pericial para constatação de seu suposto direito.

No ordenamento jurídico brasileiro, a lide constitucional, sem sombra de dúvida, existe na ação direta de inconstitucionalidade interventiva, pois o Estado Federado, sobre o qual se intenta a intervenção, por certo "resistirá" à pretensão da União.

---

44 *La cuestion de inconstitucionalidade em el proceso civil*, Civitas, Madrid, 1990, p. 100.

No mandado de segurança (art. 5º, LXIX, da CF/88) no qual em tese o cidadão pleiteia direito líquido e certo, a pretensão constitucional será resistida pela autoridade coatora.

A lide constitucional poderá dar ensejo a uma ação declaratória incidental de inconstitucionalidade (arts. 5º e 325 do CPC) ou a uma ação declaratória, cuja finalidade é declarar a inconstitucionalidade da relação jurídica deduzida na demanda principal, conexa, com fundamento no art. 4º do Código de Processo Civil brasileiro.

3.4. Questão prejudicial constitucional

A questão prejudicial constitucional é aquela que surge no curso de uma demanda, cujo fundamento é de direito constitucional e a solução poderá influir no julgamento do pedido principal e que por força das circunstâncias deverá ser solucionada antes dele.

A questão prejudicial, seja de direito material, processual ou constitucional, poderia ser objeto de uma ação autônoma, conexa com a demanda principal.

A questão prejudicial tem como característica que nenhuma das partes requereu que de seu conteúdo fosse efetivado julgamento de mérito, razão pela qual não é coberta pela coisa julgada material, sendo apenas acobertada pela coisa julgada formal.

Se uma das partes, no prazo estipulado em lei, requerer que sobre a decisão da questão prejudicial ocorra a incidência da coisa julgada material, surge então a figura da ação prejudicial, que poderá ser conexa à ação principal ou incidental a este, se seu conteúdo for de natureza declaratória, forte no art. 325 do Código de Processo Civil pátrio, já que o nosso direito não conhece a figura da ação constitutiva incidental, nem mesmo da ação condenatória incidental, por falta de previsão legal.

Merece transcrição a doutrina de Chiovenda,[45] neste diapasão: "Il principio che domina tutta questa materia è dunque che le questioni pregiudiziali sono decise di regola senza effetti di cosa giudicata (*incidenter tantum*)".

---

[45] *Istituzioni di diritto processuale civile*, 2ª ed., Vol. I, Napoli, Jovene, 1947, p. 347.

3.5. Competência para julgamento da ação declaratória incidental de inconstitucionalidade

A competência para julgamento da ação declaratória incidental de inconstitucionalidade é do juízo por onde tramita a demanda principal, conforme o art. 109 do Código de Processo Civil brasileiro.

Por se tratar de instituto, cujo escopo é disciplinar o procedimento processual do julgamento do controle de constitucionalidade difuso, em primeiro grau de jurisdição, por força do art. 97 da Constituição Federal, qualquer juiz estadual ou federal, cível, criminal ou trabalhista poderá julgá-la.

Ratificando nosso posicionamento, J. J. Gomes Canotilho,[46] quando esclarece: "historicamente, a emergência do conceito de fiscalização da constitucionalidade ficou assinalada por dois elementos fundamentais: (a) a possibilidade de declarar a ilegitimidade de uma norma por motivo de desrespeito pela Constituição; (b) a entrega dessa competência a instâncias independentes de natureza judicial, seja aos tribunais comuns (sistema americano), seja a um tribunal especializado, um tribunal constitucional (sistema austríaco)".

3.6. Condições da ação declaratória incidental de inconstitucionalidade

A titularidade ativa da ação declaratória incidental de inconstitucionalidade é das partes envolvidas na demanda principal.

Conforme nosso balizamento é a doutrina de alemã de Adolph Schonke: "Solamente pueden ser partes del procedimiento declarativo incidental las mismas que lo son del proceso pendiente".[47]

---

46 *Fundamentos da constituição*, Coimbra, Coimbra, 1991, p. 243.
47 *Derecho procesal civil*, Barcelona, Bosch, 1950, p. 179.

Na Argentina, na mesma esteira é o escólio de Ricardo Reimundin,[48] com estas considerações: "La demanda de inconstitucionalidade puede proponerse por cualquier persona de existência ideal o visible que se considere agraviada por leyes, reglamentos (...), que sean contrários a derechos, exepciones y garantias acordadas por la Constitución".

Logo tanto a parte passiva poderá fazê-lo, e para tanto deverá servir-se da oportunidade de contestação, forte no art. 5º do Código de Processo Civil brasileiro.

Quanto à figura que representa a parte ativa da relação processual que o fará no tempo da impugnação à contestação, fundado no art. 325 do Código de Processo Civil.

A parte ativa ou a parte passiva da relação processual poderá valer-se do instituto a qualquer momento, desde que ocorra fato novo na versão indicada pelo art. 303, I, do Código de Processo Civil.

A legitimidade passiva é da parte que se opuser à declaração incidental de inconstitucionalidade e figurar em um dos pólos da demanda principal. O Ministério Público poderá manejá-la quando for parte na demanda.

Em se tratando de demanda circunscrita ao Direito processual penal ou ao Direito processual do trabalho, onde surja uma questão de inconstitucionalidade de lei ordinária ou ato normativo equivalente, no bojo de demanda principal, por falta de impedimento legal, entendemos que seja juridicamente possível a utilização de ação declaratória, com fundamento no art. 4º do Código de Processo Civil, visto que este é aplicável subsidiariamente àqueles.

Entendemos que, ao contrário da mera objeção de inconstitucionalidade, o juiz do feito não poderá manejar a ação declaratória incidental de inconstitucionalidade de ofício, por força do art. 1º do Código de Processo Civil brasileiro, segundo o qual a jurisdição deverá ser provocada.

Além de que a atuação do magistrado propondo demanda importará em grave suposição de sua imparcialidade no julgamento do

---

48 *Derecho procesal civil*, Tomo I, Buenos Aires, Viracocha, 1954, p. 95.

pedido de inconstitucionalidade porque estará favorecendo, em tese, uma das partes da demanda.

Ademais, tal iniciativa é concedida aos juízes no sistema de controle da constitucionalidade judicial vigentes na Itália, na Alemanha e na Espanha, não no Brasil. Outro não é o entendimento de Themístocles Cavalcanti,[49] "que a intervenção judicial seja provocada por quem tenha interesse".

3.6.1. Falta de interesse de agir

O interesse de agir na ação declaratória incidental de inconstitucionalidade existirá se a parte que se entender prejudicada pela aplicação de uma norma supostamente inconstitucional necessitar do acesso à função judiciária para que não se submeta à aplicação daquela e se esta exclusão de aplicação da norma ordinária ou ato normativo equivalente lhe for útil propiciando-lhe a vitória na demanda ou minorando seu prejuízo jurídico.

Tratando a matéria, no Direito processual civil alemão, James Goldschmidt,[50] pondera: "El § 256 exige expresamente la existência de una necesidad de protección jurídica, cuando habla de un interes jurídico de obtener una rápida declaración".

Interessante notar que em sede de Direito processual civil alemão, o interesse de agir não é tratado pela ciência jurídica como condição da ação e sim pressuposto processual.

Confirma nosso entendimento a festejada doutrina de Adolfo Schonke,[51] quando patenteia: "El interes em la inmediata declaración — al igual que la necesidad de tutela jurídica; cfr. Supra, § 43, IV — constituye um presupuesto procesal. Caso de faltar, se ha de repeler en la instancia da demanda como inadmisible".

Não há falar-se em interesse de agir que justifique a propositura de uma ação declaratória incidental de inconstitucionalidade, por

---

49 *Do controle de constitucionalidade*, Rio, Forense, 1966, p. 65.

50 *Derecho procesal civil*, Barcelona, Labor, 1936, p. 107.

51 *Derecho procesal civil*, Barcelona, Bosch, 1950, p. 157.

exemplo, quando ocorre alguma das seguintes situações hipotéticas mencionadas:

a) se a norma tida como, supostamente, inconstitucional está eivada de caducidade ao tempo da propositura da demanda;
b) se o pedido constante da demanda puder ser decidido, com base em outra lei. Idêntico raciocínio é o de Calamandrei,[52] quando esclarece: "si el juez considera que la causa puede ser decidida a base de outra ley, la decisión sobre la legitimidad de la primera pierde su carácter prejudicial";
c) se a norma tida como inconstitucional não se aplica à solução do caso concreto, submetido a julgamento, neste diapasão o ensinamento de Encarnación Pageo: "Al ser la cuestión de inconstitucionalidad, um control concreto, la norma cuestionada se debe jugar en el proceso a quo como prejudicial. De no exisitir esta especial ligazón entre la norma cuestionada y el proceso a quo, el control constitucional carece manifestamente de fundamento".[53]

3.6.2. Possibilidade jurídica do pedido

Presente a possibilidade jurídica do pedido, porquanto não existe impedimento jurídico, no direito processual civil brasileiro, a que se ajuíze uma ação declaratória, seja propriamente dita, seja incidental, cujo objeto seja matéria de Direito público, mais precisamente de Direito constitucional.

Ademais, a ação declaratória, nas modalidades principal e incidente, foi acolhida nos arts. 4º, 5º e 325 do Código de Processo Civil brasileiro, sem a exigência de qualquer requisito especial.

Confirmando nosso posicionamento, Crisanto Mandrioli: "Cio premesso, possiamo incominciare col ravvisare um primo requisito o condizione dell'azione nell'esistenza di una norma che contem-

---

52 *Estúdios sobre el processo civil*, Buenos Aires, Ejea, 1952, p. 74.

53 *La cuestion de inconstitucionalidad em el proceso civil*, Madrid, Civitas, 1990, p. 255.

pli in astrato il diritto che si vuole valere. Questa prima condizione dell'azione si chiama possibilità giuridica".[54]

Digna de menção é a curiosa passagem na qual Adolph Wach sustenta que todo direito subjetivo deverá ser realizável, com estas considerações: "Los derechos subjetivos deben ser susceptibles de realización y comprobación". E conclui: "Si tengo el derecho de poder pretender, esta pretensión deberá ser compulsivamente realizable".[55]

Considerações que as evidências sugerem que podem ter sido o antecedente, no Direito processual civil alemão, da possibilidade jurídica do pedido trazida a lume por Enrico Tullio Liebman, no seu histórico "Manuale di diritto processuale civile", pelos menos sob o aspecto da possibilidade física do pedido.

3.6.3. Legitimidade das partes

As partes da ação declaratória incidental de inconstitucionalidade são as mesmas partes da demanda na qual surgiu a questão prejudicial de inconstitucionalidade.

Uma delas, tanto a parte ativa, quanto a parte passiva, nas oportunidades que lhes faculta a lei processual, poderá requer que sobre a questão prejudicial constitucional seja realizado julgamento do pedido, agora regido pela teoria da lide constitucional e que sobre ele recaia a coisa julgada.

Lapidar é o ensinamento de Alfredo Buzaid, quando exorta: "Aliás, o que propriamente caracteriza o conceito técnico e moderno da ação declaratória incidental é o fato de que a autoridade da coisa julgada não se limita à parte dispositiva da sentença, relativa à questão fundamental. Abrange, outrossim, a questão prejudicial, cuja decisão tem eficácia para os processos futuros".

---

54 *Corso di diritto processuale civile*, 10ª ed., Torino, Giappichelli, 1995, p. 40.

55 *La pretension de declaración*, Buenos Aires, Ejea, 1952, p. 46.

Ação Declaratória Incidental de Inconstitucionalidade

3.7. Requisitos para o ajuizamento da ação declaratória incidental de inconstitucionalidade

A doutrina clássica estabeleceu vários critérios para que se realizasse o controle de constitucionalidade pelo sistema judicial, utilizando-se o método difuso, entendendo que jamais o pedido poderia ser objeto de ação autônoma.

Esta é a doutrina do respeitado Rui Barbosa: "Que a acção não tenha por objecto directamente o acto inconstitucional do poder legislativo, ou executivo, mas se refira à inconstitucionalidade delle apenas como fundamento, e não alvo, do libello".[56]

No mesmo patamar é o escólio de Themístocles Cavalcanti,[57] quando esclarece: "que a ação não tenha por objeto o ato inconstitucional, mas se refira à inconstitucionalidade como fundamento do pedido".

3.7.1. Inexistência de impedimento jurídico ao ajuizamento da demanda incidental de inconstitucionalidade no processo "pós-moderno"

Ocorre que com a evolução da ciência processual e, em contrapartida, do Direito constitucional, com a introdução do Estado Democrático de Direito, sucedeu que, no mesmo patamar, se ampliou a proteção dos direitos fundamentais do cidadãos, por meio de mecanismos processuais adequados, os quais passaram a ser utilizados os mandados de segurança. Como se nota do Recurso Extraordinário em Mandado de Segurança 20.636-5-DF,[58] "Lei — Inconstitucionalidade — Declaração incidental em mandado de segurança — Admissibilidade".

A ação popular também foi admitida como meio de controle de constitucionalidade, consoante se nota da jurisprudência do Tri-

---

56 *A constituição e os actos inconstitucionaes*, Rio, Atlântida, p. 128.

57 *Do controle da constitucionalidade*, Rio, Forense, 1966, p. 65.

58 Julgamento em 18.03.1987, Relator: Ministro Sydney Sanches, publicado na RT 620/208.

bunal Justiça de Santa Catarina,[59] transcrita a seguir: "Ação popular — Controle incidental de constitucionalidade de lei de efeito concreto — Admissibilidade". Na mesma esteira, a ação civil pública foi recepcionada pela jurisprudência como meio processual autônomo para exercício do controle de constitucionalidade difuso, neste patamar o posicionamento do Supremo Tribunal Federal,[60] no julgamento da Reclamação 600-0/SP, Relator Ministro Néri, julgado em 03.09.1997.

Nas ações coletivas, não se nega, à evidência, a possibilidade da declaração de inconstitucionalidade, *incidenter tantum*, de lei ou ato normativo federal ou local.

Trata-se do que a doutrina clássica chamaria de ação autônoma, para proteção daqueles direitos fundamentais, caindo por conseguinte o empecilho que a doutrina ortodoxa impunha ao desenvolvimento do instituto, sem nenhum fundamento em Direito, seja material ou processual, apenas com base em praxismo injustificável cientificamente.

No foro pós-moderno, entendemos que presentes os pressupostos processuais e as condições da ação, estando a demanda em trâmite regular, presente a pretensão de declaração de inconstitucionalidade de uma lei ou ato normativo, resistida pela parte contrária, surgirá a lide constitucional prejudicial em seu bojo, cuja solução será necessária e útil para o julgamento do pedido constante da demanda principal, portanto, cabível, em tese, a ação declaratória incidental de inconstitucionalidade.

Pois já esclarecia Carnelutti: "Cio spiega intanto perché il processo con accertamento incidentale sia da collocarsi esattamente nella categoria dei processi con pluralità di liti", e conclui: "La singolarità del processo con accertamento incidentale sta in cio che la domanda per l'accertamento di tutti gli altri rapporti dipendenti da

---

[59] Apelação 21.944, julgada em 01.06.1986, Relator: Desembargador Xavier Vieira, publicada na RT 623/155.

[60] Reclamação 600-0/SP, Relator: Ministro Néri da Silveira, julgada em 03.09.1997.

un dato fato incidente nel processo statuito per l'accertamento di uno o più rapporti singoli collegati al fatto medesimo".[61]

3.7.2. Preclusão, prescrição e caducidade da ação declaratória incidental de inconstitucionalidade

Note-se que a inexistência de inconstitucionalidade como pressuposto processual de validade do ato jurídico não está sujeita à incidência do instituto da prescrição, como pontifica Lúcio Bittencourt: "a lei inconstitucional jamais convalece e sua ineficácia poderá ser declarada a todo tempo".[62]

Portanto, não preclui a oportunidade de arguir a inconstitucionalidade de lei ou ato normativo equivalente, tanto que poderá ser arguida, em ação declaratória incidental de inconstitucionalidade, como em preliminar de recurso, por meio do incidente de inconstitucionalidade, disciplinado pelos arts. 480 a 482 do Código de Processo Civil, ou como preliminar nas razões de recurso especial ou extraordinário e ainda a utilização da ação rescisória disciplinada pelo art. 485 do mesmo Estatuto Processual.

Nosso pensamento encontra respaldo em Piero Calamandrei, quando esclarece: "Cuantas veces la sentencia carezca de aquel mínimo de elementos esenciales que son indispensables para que pase en cosa juzgada". E termina: "Pero en realidad toda una serie de casos no determinables a priori, en los cuales sobrevive también em nuestro derecho, fuera del campo de los médios de impugnación enumerados en el art. 323, la actio nullitatis contra la sentencia viciada de nulidad insanable".

Contudo, segundo pensamos, a inconstitucionalidade está sujeita ao instituto da caducidade, disciplinado pelo art. 207 do Código Civil brasileiro. Isso porque, a nosso juízo, apenas o exercício do direito evita a ocorrência da decadência. Conforme nosso entendi-

---

61 *Sistema di diritto processuale civile*, Vol. I, Padova, Cedam, 1936, p. 931.
62 *O controle jurisdicional da constitucionalidade das leis*, Rio, Forense, 1949, p. 129.

mento, a doutrina de Humberto Theodoro Júnior,[63] que tem estas letras: "Com a propositura da ação o titular do direito potestativo o exercita e, com isso, impede que a decadência ocorra".

3.7.3. Ação declaratória de inconstitucionalidade conexa

Na hipótese de ocorrência de perda de prazo para utilização da ação declaratória incidental de inconstitucionalidade, seja na contestação, como na impugnação da demanda principal, e não se podendo utilizar a faculdade do art. 303, I, do Código de Processo Civil, poderá ser manejada ação declaratória pura (art. 4º do Código de Processo Civil brasileiro), conexa à demanda primitiva, com fundamento na inconstitucionalidade da norma que se tem por agressiva ao direito do interessado, que será normalmente processada e julgada na forma da lei processual.

De acordo com a nossa conclusão, Chiovenda: "Anzitutto che l'oggetto della domanda sai tale che avrebbe potuto formare oggetto d'uma azione autonoma d'accertamento".[64]

O resultado do julgamento da ação declaratória de inconstitucionalidade conexa à ação principal equivalerá ao julgamento do pedido da ação declaratória incidental de inconstitucionalidade.

Igual tratamento, ou seja, a propositura de ação declaratória pura (art. 4º do Código de Processo Civil brasileiro), conexa à demanda primitiva, com fundamento na inconstitucionalidade da norma, deverá ser dado ao interessado no caso de incompatibilidade do procedimento da ação primitiva com o rito da ação declaratória incidental.

A mesma solução, qual seja, o ajuizamento de ação declaratória pura (art. 4º do Código de Processo Civil brasileiro), para solução dos casos de inconstitucionalidades de leis ou atos normativos equivalentes, em sede de ação penal ou de ação trabalhista.

Isso porque, no método difuso de controle de constitucionalidade, adotado pela Constituição Federal brasileira de 1988, a compe-

---

63 *Comentários do novo Código Civil*, Vol. III, Tomo II, Rio, Forense, 2003, p. 358.

64 *Istituzioni di diritto processuale civile*, Vol. I, Napoli, Jovene, 1947, p. 353.

tência para declaração da inconstitucionalidade é outorgada a todos os juízes com atuação na jurisdição brasileira, seja sua competência cível, penal ou trabalhista.

Ratifica nosso posicionamento a lição de Adolph Schonke,[65] com estas considerações: "Queda al arbítrio de las partes la presentación de la demanda declarativa incidental; la posibilidad de presentarla no excluye la demanda declarativa corriente".

No mesmo patamar é o escólio de Mauro Cappelletti: "il giudizio non possa essere definito indipendentemente dalla risoluzione della questione di legittimità costituzionale".[66]

3.7.4. Competência para o julgamento da ação declaratória de inconstitucionalidade conexa

A competência para o julgamento da ação declaratória de inconstitucionalidade conexa, para evitar a ocorrência de julgamentos contraditórios, é do juízo por onde tramitava a ação primitiva, ou seja, aquela da qual se quer excluir a incidência da lei ou ato normativo tido como inconstitucional.

Ajuizada aquela (ação declaratória de inconstitucionalidade conexa), o juiz do feito por iniciativa própria ou por provocação de algum dos interessados determinará a reunião dos feitos, se tramitarem no mesmo juízo, com fundamento no art. 105 do Código de Processo Civil.

Se a ação primitiva e a ação declaratória de inconstitucionalidade conexa fluírem por juízos diferentes, que tenham a mesma competência territorial competente para o julgamento, será aquele que despachou primeiro, em face da existência do instituto da competência por prevenção, em virtude da incidência do art. 106 do Código de Processo Civil.

De acordo com o nosso entendimento, a doutrina de Celso Agrícola Barbi,[67] quando declara: "Mas como já se viu nos citados comen-

---

65 *Derecho procesal civil*, Barcelona, Bosch, 1950, p. 179.

66 *La pregiudizialità costituzionale nel processo civile*, Milano, Giuffrè, 1972, p. 102.

67 *Comentários do Código de Processo Civil*, Vol. I, 2ª ed., Rio, Forense, 1981, p. 467-8.

tários, o juiz, quando houver conexão, tem o dever legal de mandar reunir as ações. Esse dever ele o exercerá a pedido das partes ou mesmo de ofício, como está no art. 105". E termina esclarecendo: "Todavia, sem razão que justifique, o art. 106 abre exceção a essa regra, para os casos em que corram em separado ações conexas, perante juízes que têm a mesma competência territorial. Nesses casos a prevenção se opera em favor daquele que despachou em primeiro lugar".

3.8. Petição inicial da ação declaratória incidental de inconstitucionalidade

A ação declaratória incidental de inconstitucionalidade requer ajuizamento de parte legítima, logo resulta impossível seu aviamento de ofício pelo juiz da demanda no qual ocorrer a lide prejudicial constitucional.

Lapidar é o ensinamento de Raul Repetto,[68] com estas considerações: "Para que se produzca un control de constitucionalidad de la ley es indispensable le existência de una manifestación de voluntad dirigida al órgano controlador de la constitucionalidad de la ley".

A petição deverá ser dirigida ao juízo onde se tramita a demanda principal, qual seja, naquele Juízo onde existir uma norma legal inconstitucional dirigindo, determinando o julgamento de pedido em face do interessado.

A petição inicial poderá ser indeferida nos casos previstos na legislação processual, como naqueles casos em que a parte apenas pretende efetuar uma consulta à função judiciária ou a declaração da inconstitucionalidade de uma lei em tese, portanto, sem vinculação a qualquer caso concreto.

Confirmando nosso entendimento, a festejada doutrina de Alejandro Ghigliani: "está vedado a los jueces: a) hacer declaraciones em abstrato... b) evacuar consultas".[69]

---

68 *Control de la constitucionalidad de la ley*, Santiago, Universitária, 1969, p. 30.

69 *Del control jurisdiccional de constitucionalidad*, Buenos Aires, Depalma, 1952, p. 80.

Cabendo à parte interessada impugnar a decisão com o recurso de apelação, neste ponto disciplinado pelo art. 296 do Código de Processo Civil brasileiro.

Atribuída ao juiz do feito a possibilidade de retratar-se e, assim acontecendo, mandar processar a demanda. Caso recalcitre em sua decisão, mantendo seu posicionamento, a demanda será guindada para julgamento no Tribunal de Justiça jurisdicionante sem contrarazões do representante da parte contrária.

Aplicável, também, em tese, por obra da função judiciária, o art. 285-A do Código de Processo Civil brasileiro, que autoriza o julgamento do pedido, de plano, declarando sua improcedência, situação na qual a parte prejudicada deverá prontamente impugnar a sentença combatida, por meio do recurso de apelação, sendo que, neste caso, o réu será citado para contrarrazoar o recurso.

3.8.1. Causa de pedir

A causa de pedir é a repercussão da suposta inconstitucionalidade da lei a ser aplicada no julgamento da pretensão (pedido), com prejuízo ao autor.

Digno de menção é o ensinamento de Piero Calamandrei, com estas considerações: "no se puede, por conseguiente, individualizar exactamente el objeto del proceso con la sola individualización del conflicto de intereses preexistente al proceso, sino que es preciso determinar además en qué asume este conflicto de intereses el carácter de desacuerdo en torno a la existência de uma relación jurídica (*causa petendi*) y com qué providencia jurisdiccional pretenden las partes que el conflicto sea compuesto (*petitum*)".

Concorda com nosso raciocínio Encarnación Pageo,[70] quando verbera: "la cuestion de inconstitucionalidad no es una acción concedida para impugnar de modo abstracto la validez de la Ley, sino un instrumento puesto a disposición de los órganos judiciales para con-

---

70 *La cuestion de inconstitucionalidad em el proceso civil*, Madrid, Civitas, 1990, p. 73.

ciliar la doble obligación en que se encuentra de actuar sometidos a la Ley y a la Constitución".

3.8.2. Valor da causa

A disciplina do valor da causa nas ações declaratórias possui duas correntes distintas, uma delas afirmando que aquele valor fixa-se de acordo com o valor da relação jurídica que se quer declarar existente ou inexistente.

Outra corrente assevera que o valor da causa, em sede de ação declaratória, deverá ser equivalente ao proveito que a parte obterá com a procedência da demanda.

Analisando-se a situação sob o prisma da ação declaratória incidental de inconstitucionalidade, o valor da causa, de acordo com a disciplina jurídico-processual do art. 259 do Código de Processo Civil brasileiro, poderá ser igual ao valor da relação jurídica de que se queira ver declarada a inconstitucionalidade.

Este pensamento tem guarida no Superior Tribunal de Justiça, como se percebe do julgamento do REsp. 190.008-SP: "Na ação declaratória, ainda que sem conteúdo econômico imediato, o valor da causa deve corresponder à relação jurídica cuja existência ou inexistência pretende-se ver declarada".[71]

Possível também é o raciocínio daqueles que entendam que o valor da causa, em se tratando de ação declaratória incidental de inconstitucionalidade, é inestimável, pois afeto a um julgamento de inconstitucionalidade que não tem valor juridicamente estimável.

Este raciocínio também possui acolhida no Superior Tribunal de Justiça: "O valor da causa, inclusive em ações declaratórias, deve corresponder, em princípio, ao seu conteúdo econômico, considerado como tal o valor do benefício econômico que o autor pretende obter com a demanda. A impossibilidade de avaliar a dimensão integral desse benefício não justifica a fixação do valor da causa em quantia

---

71 Relator: Ministro Peçanha Martins, julgamento publicado no DJU de 05.02.2001.

meramente simbólica, muito inferior ao de um valor mínimo desde logo estimável".[72]

"Data vênia" dos seguidores da segunda corrente de pensadores, entendemos estar com a razão aqueles que sustetam que na ação declaratória o valor da causa equivale ao valor da relação jurídica que será objeto de declaração.

3.9. Objeto da ação declaratória incidental de inconstitucionalidade

O objeto da ação declaratória incidental de inconstitucionalidade é a relação jurídica de direito civil, penal, do trabalho controvertida, ou seja, a lei ordinária ou ato normativo equivalente que se tem por inconstitucional, cuja aplicação poderá trazer prejuízos ao titular do pólo ativo da relação jurídica processual.

Confirmando nosso entendimento, James Goldschmidt doutrina: "La acción declarativa tiene por objeto obtener la declaración de la existência o inexistência de uma relación jurídica...".[73]

Na festejada visão de Carnellutti,[74] relação jurídica é: "In quanto composto da un comando giuridico, un conflito di interessi diventa un rapporto giuridico. Questo non è altro se non la espressione della composizione di um conflito mediante il diritto; o in altri termini, um conflitto di interessi regolato dal diritto".

Segundo pensamos, relação jurídica é a ligação imaginária fixada pela lei, entre pessoas, físicas ou jurídicas, entre si, bem assim, a união fictícia, ditada pela ordem jurídica entre aquelas pessoas e os bens corpóreos ou incorpóreos.

Logo, podem ser objeto da demanda em estudo a declaração de inconstitucionalidade pelo método judicial, no modelo difuso: as leis ordinárias, federais, estaduais, municipais, medidas provisó-

---

72 Relator: Ministro Teori Zavascki, julgamento publicado no DJU de 09.05.2005.

73 *Derecho procesal civil*, Vol. I, Barcelona, Labor, 1936, p. 104.

74 *Sistema di diritto processuale civile*, Padova, Cedam, 1936, p. 25.

rias, decretos, leis complementares, decretos legislativos, resoluções, decretos-leis, normas constitucionais federais e estaduais, normas integrantes de leis orgânicas municipais, tratados internacionais.

3.10. Cabimento da ação declaratória incidental de inconstitucionalidade no direito processual brasileiro

A ação declaratória incidental é originária de princípio do Direito francês, que não foi incorporado à sua legislação processual, tendo sido a primazia de codificá-la do Direito processual alemão.

No Brasil, foi introduzida primeiro pela doutrina, depois materializada pelo Direito processual, por meio do Código de Processo Civil de 1973, nos arts. 5º e 325.

O objeto da ação declaratória incidental, no Direito processual brasileiro, é a existência ou inexistência de uma relação jurídica, surgida no bojo de uma demanda em trâmite judicial, cujo o objeto seja de direito civil, direito penal, direito do trabalho, de direito constitucional.

Note-se que o ordenamento processual brasileiro admite a propositura de ação declaratória principal, disciplinada pelo art. 4º do Código de Processo Civil brasileiro, cujo objeto pode ser uma relação jurídica de direito público, como, por exemplo, de direito constitucional.

Neste sentido leciona, com propriedade, Adolph Schonke: "Respecto de relaciones jurídicas de derecho público es admisible la demanda declarativa en cuanto se conceda la via civil para esta clase de demandas".[75]

No mesmo patamar é a doutrina de Prieto Castro: "La relación es, generalmente, de carácter jurídico privado, pero puede también pertencer al derecho procesal y al público".[76]

---

75 *Derecho procesal civil*, Barcelona, Bosch, 1936, p. 155.

76 *La accion declarativa*, Madrid, Editorial Reus, 1932, p. 108.

Consequentemente, não há impedimento legal ou doutrinário ao manejo da ação declaratória incidental de inconstitucionalidade no Direito processual brasileiro.

Se a ação declaratória incidental disciplinada pelos arts. 5º e 325 do Código de Processo Civil brasileiro pode ter como objeto as mesmas relações jurídicas que seriam objeto da ação declaratória principal, e se esta admite como objeto uma relação jurídica de direito público, de direito constitucional, em consequência, cabível é, em tese, como as evidências estão indicando, a propositura da ação declaratória incidental de inconstitucionalidade no Direito processual civil brasileiro.

A procedência do pedido de ação declaratória incidental de inconstitucionalidade levará à exclusão do feito de norma jurídica ou ato normativo equivalente tido como inconstitucional, com influência no julgamento da ação principal, seja ela de direito civil, penal ou do trabalho, constante da demanda.

Aplicando-se aqui as lições de Chiovenda: "Sono condizioni particolari dell'azione d'accertamento incidentale: a) Anzitutto che l'oggetto della domanda sai tale che avrebbe potuto formare oggetto d'uma azione autônoma d'accertamento".[77]

Note-se que no ordenamento processual brasileiro, pela leitura que se faz dos arts. 5º e 325 do Código de Processo Civil, não há impedimento jurídico à utilização da ação declaratória incidental, como instrumento de controle de constitucionalidade, visto que seu objeto é a existência ou inexistência de uma relação jurídica de direito constitucional.

Principalmente, se a ação declaratória incidental de inconstitucionalidade tem o propósito de disciplinar relação jurídica diversa, cujo julgamento influa no resultado da demanda principal, excluindo a aplicação de texto de lei tido como inconstitucional do julgamento do pedido, evitando assim que se cause prejuízo ao interessado.

---

77 *Istituzioni di diritto processuale civile*, vol. I, Napoli, Jovene, 1947, p. 352.

Lapidar é o ensinamento de James Goldschmidt,[78] quando obtempera: "Existe tal interés cuando el actor se halla ante una inseguridad jurídica y la formulada en un fallo judicial constituye el único medio legal para evitarla".

Bem assim, para tentar suprir lacuna do Direito processual brasileiro, na disciplina do controle de constitucionalidade difuso, em primeiro grau de jurisdição, é atribuído ao cidadão brasileiro meio autêntico de fiscalização da constitucionalidade das leis e atos normativos equivalentes no Brasil.

Isto porque mais de 150 anos depois de instalada a República Federativa do Brasil, o cidadão brasileiro ainda continua sem instrumento processual adequado para a realização do controle de constitucionalidade difuso em primeiro grau de jurisdição.

Em virtude da atual unanimidade quanto ao cabimento da ação declaratória como instrumento de controle de constitucionalidade, no Brasil, como também em outros países da América, como demonstramos alhures, é juridicamente aceitável a utilização da ação declaratória incidental de inconstitucionalidade para suprir lacuna no tratamento do controle de constitucionalidade difuso, em primeiro grau de jurisdição, no ordenamento jurídico brasileiro. Confirma nosso entendimento a prestigiada doutrina de James Goldschmidt: "Sin embargo, tambíen puede constituir motivo de acción declarativa una relación jurídica de derecho público".[79]

Sopesado o fato de que a ação declaratória incidental poderá ter como objeto as mesmas relações jurídicas que podem ser objeto da ação declaratória principal.

Ponderada, também, à percepção e à comprovação de que existe uma lacuna no ordenamento processual brasileiro, desde o Regulamento 737 de 1850 até os nossos dias para tratamento processual do controle de constitucionalidade difuso, em primeiro grau de jurisdição, situação que denota o flagrante descompasso entre o tratamento processual do controle de constitucionalidade difuso no Brasil e

---

78 *Derecho procesal civil*, Vol. I, Barcelona, Labor, 1936, p. 107.

79 *Derecho procesal civil*, Vol. I, Barcelona, Labor, 1936, p. 103.

os direitos constitucionais de terceira geração concedidos pela Constituição Federal brasileira de 1988 ao cidadão pátrio.

Sopesada a circunstância irrefutável de que tem ocorrido uma evolução avassaladora do direito material diante da posição estática do direito processual para tutelá-lo.

A situação foi percebida por Eduardo Couture,[80] quando leciona: "En este orden de cosas, el fenómeno se plantea en los seguientes términos: mientras el derecho material, por su parte, fué creando todo um sistema jurídico de excepción, el derecho procesal permaneció estacionário sobre las bases y fundamentos del sistema individualista del derecho común".

O estudioso italiano Norberto Bobbio,[81] com sua argúcia, também percebeu a disparidade entre a evolução do Direito material e a capacidade de oferecimento de tutela concedida pelo Direito processual, ao lecionar: "descendo do plano ideal ao plano real, uma coisa é falar dos direitos do homem, direitos sempre novos e cada vez mais extensos, e justificá-los com argumentos convincentes; outra coisa é garantir-lhes uma proteção efetiva" (....), e conclui sua exposição dizendo: "Os direitos sociais, como se sabe, são mais difíceis de proteger do que os direitos de liberdade".

O filósofo norte-americano Ronald Dworkin tenta solucionar o problema do descompasso da evolução do Direito Material comparada à capacidade protetiva do Direito processual, com esta proposição: "El conjunto de estas normas jurídicas válidas agota el concepto de 'derecho', de modo que si alguna de tales normas no cubre claramente el caso de alguien (...). Concluindo: "Ha de ser decidido por algún juez, que 'ejerza su discreción', lo que significa ir más allá de la ley em busca de algún outro tipo de estándar que lo guie".[82]

Permita-se-nos a ousadia de discordar do mencionado jusfilósofo, pois o cidadão brasileiro, guiado pelo Estado Democrático de

---

80 *Estúdios de derecho procesal civil*, Vol. I, Buenos Aires, Depalma, 1947, p. 274.

81 *A era dos direitos*, Rio, Campus, 1992, p. 75.

82 *O império do direito*, São Paulo, Martins Fontes, 2003, p. 93.

Direito, pela pós-modernidade processual, não pode ficar parado, aguardando o "poder discricionário do juiz" para suprir uma lacuna no direito processual constitucional que lhe propicie meios de fiscalização e impugnação das leis que entender inconstitucionais.

Nesta situação as evidências indicam e as circunstâncias avalizam o surgimento de institutos de direito processual novos capazes de tutelar direitos novos e abranger situações até então impensadas, advindos dos direitos constitucionais de terceira geração, tal como a ação declaratória incidental de inconstitucionalidade que propomos, para suprir a lacuna encontrada no direito processual civil brasileiro no tratamento do controle de constitucionalidade, pelo método difuso, em primeiro grau de jurisdição.

Dada, ainda, à flagrante e injustificada quebra do princípio da igualdade, quando se concede amplas possibilidades de controle de constitucionalidade, pelo método concentrado à União Federal, e, em contra partida, não se concede ação específica para o cidadão impugnar as leis que entende inconstitucionais, por meio do método difuso, em primeiro grau de jurisdição, razão pela qual é possível sustentar o cabimento da ação declaratória incidental de inconstitucionalidade no Direito processual brasileiro.

3.11. Finalidade da ação declaratória incidental de inconstitucionalidade

A finalidade da ação declaratória incidental de inconstitucionalidade é obter o julgamento do pedido de declaração incidente da inconstitucionalidade da lei ou ato normativo que serviria de base ao julgamento do pedido constante da demanda principal; provar a existência de repercussão geral, de sorte a possibilitar, no futuro, se houver necessidade, a utilização da via do recurso extraordinário.

É também sua finalidade diminuir a desigualdade existente, em sede de controle de constitucionalidade judicial entre o Estado, com suas ações diretas de inconstitucionalidade e de constitucionalidade de lei, disciplinadas pelos arts. 102 e 103 da Constituição Federal e o cidadão que não tem ação disciplinada, em sede de controle de constitucionalidade difuso, em primeiro grau de jurisdição, para impugnar as leis que entenda inconstitucionais.

Adolph Wach entende que a finalidade da ação declaratória é obter a coisa julgada, com estas letras: "Se la deduce de la naturaleza y finalidad del proceso civil, de la limitación de la cosa juzgada y de la tendencia especial de la acción declarativa".[83]

Já Giuseppe Chiovenda sustenta que a finalidade da ação declaratória é aquela de obter, mediante julgado, a certeza jurídica, com estas proposições: "come l'azione d'accertamento proposta indipendentemente da altro processo, a ottenere, mediante giudicati, la certeza giuridica sull'esistenza d'uma volontà concreta di legge".[84]

Com outro raciocínio, Carnelutti leciona que a finalidade da ação é a composição da lide e que o objeto da lide são os bens, com estes ensinamentos: "operazione, mediante la quale si ottiene la composizione della lite", e conclui: "nel processo di cognizione il bene, che forma oggetto da lite".[85]

Discorrendo sobre o ordenamento processual espanhol, Miguel Puerto afirma "que los procesos que tienen como finalidad última el control jurisdiccional de las normas son, por un lado, mecanismos de específica guarda de la Constitución y, por outro de fundamental defensa frente a las arbitrariedades del legislador".[86]

Mesmo com todas estas ponderações, continuamos entendendo que a finalidade da ação de que tratamos é o julgamento do pedido de desaplicação da norma contida numa relação jurídica por ser inconstitucional.

São também finalidade da ação declaratória incidental de inconstitucionalidade a defesa da constitucionalidade da lei ou ato normativo, a proteção à incidência do arbítrio exercitado no julgamento da demanda, a composição da lide constitucional, atuando,

---

83 *La pretensión de declaración*, Buenos Aires, Ejea, 1956, p. 97.

84 *Istituzioni di diritto processuale civile*, Vol. I, Napoli, Jovene, 1947, p. 44.

85 *Sistema di diritto processuale civile*, Vol. I, Padova, Cedam, 1936, p. 44 e 831.

86 *Jurisdicción constitucional y procesos constitucionales*, Madrid, Colex, 1991, p. 191.

como quer Chiovenda, a lei constitucional prevalente, e por fim alcançando a coisa julgada almejada por Wach.

3.11.1. Diferença de outras ações com finalidade de exercício do controle de constitucionalidade

Neste ponto de nosso estudo é conveniente, a bem de sua cientificidade, estabelecer a diferença do institututo que apresentamos à comunidade jurídica com outros destinados ao controle de costitucionalidade. E para isso passamos a relacionar, segundo pensamos, os principais institutos sobre a matéria.

A ação declartória de inconstitucionalidade de lei ou ato normativo federal perante a Constituição Federal, prevista no art. 102, I, e regulamentada pela Lei 9.868/99, diz respeito ao controle de constitucionalidade da lei em tese e possui legitimidade ativa plúrima e restrita constante do art. 103 da Carta Magna de 1988 e a competência para julgamento é do Supremo Tribunal Federal.

Já a ação declaratória de inconstitucionalidade interventiva, prevista no art. 34 e seguintes da Constituição Federal de 1988, tem legitimidade específica ligada ao Procurador-Geral da República e tem como escopo fazer com que sejam observados os princípios constitucionais da Federação por eventual intransigência de unidade federada.

A ação declaratória de inconstitucionalidade por omissão tem como escopo suprir inaptidão para surtir efeitos jurídicos de normas constitucionais de eficácia contida, ou seja, aquelas normas constitucionais que dizem respeito a princípios institutuivos ou aquelas que aludem a princípios programáticos a serem observados pelo Estado brasileiro, a legitimidade para ajuizamento é plúrima e restrita e a competência de julgamento é do Supremo Tribunal Federal.

A ação declaratória de constitucionalidade tem por propósito, como o nome está a indicar, a declaração de constitucionalidade de lei ou ato normativo federal perante a Constituição Federal, a legitimidade ativa é restrita ao Presidente da República, ao Procurador-Geral da República e às mesas do Senado e da Câmara Federal, a competência para julgamento é do Supremo Tribunal Federal, como está a indicar o art. 102, I, da Constituição Federal de 1988. A disciplina processual foi ditada pela Lei 9.868/99.

Até aqui a distinção é simplista; tanto a ação declaratória de inconstitucionalidade de lei em tese ou ato normativo, como a ação declaratória interventiva, como a ação declaratória de inconstitucionalidade por omissão e a ação declaratória de constitucionalidade, possuem legitimidade ativa restrita a titulares específicos, ligadas a figuras de cúpula da Federação brasileira, por meio de julgamento pelo Supremo Tribunal Federal.

A outro tempo, a ação declaratória incidental de inconstitucionalidade é jungida às partes que façam parte da relação processual e poderá ser julgada por qualquer juízo ou tribunal que integre a jurisdição brasileira.

A arguição de descumprimento de preceito fundamental, prevista no art. 102, § 1º, da Constituição Federal de 1988 e regulamentada pela Lei 9.882/99, tem como legitimados ativos os mesmos da ação declaratória de inconstitucionalidade de lei em tese, arrolados no art. 103 da Constituição Federal, e tem por objeto evitar ou reparar a lesão a preceito fundamental, cuja competência para julgamento é também do Supremo Tribunal Federal.

A diferença com a ação declaratória incidental de inconstitucionalidade é flagrante, pois esta tem como legitimados ativos qualquer das partes na demanda, e aquela, os mesmos da ação declaratória de inconstitucionalidade em tese, portanto, os legitimados são restritos e seletivos.

A competência para julgamento da ação declaratória incidental de inconstitucionalidade é de qualquer juízo, sediado no Brasil, forte no art. 97 da Constituição Federal, aquela é julgada única e exclusivamente pelo Supremo Tribunal Federal.

Ação declaratória incidental de incostitucionalidade tem efeito *interpartes* e a arguição de cumprimento de preceito fundamental tem efeito *erga omnes*.

Por fim, resta fazer menção à arguição incidental de inconstitucionalidade, cuja previsão constitucional é a constante do art. 97 da Constituição Federal, com titularidade ativa ditada a qualquer das partes e competência para julgamento atrelada ao juízo por onde tramitar a demanda.

A arguição incidental de inconstitucionalidade difere da ação declaratória incidental de inconstitucionalidade por esta ter procedimento fixado nos arts. 5º e 325 do Código de Processo Civil brasileiro, e a simples arguição de incidental de inconstitucionalidade, em primeiro grau de jurisdição, não possui procedimento específico.

Sem olvidar que a arguição incidental de inconstitucionalidade trata-se de mera questão incidental de direito, que não transita em julgado, forte no art. 469, III, do Código de Processo Civil.

Já a decisão do pedido constante da ação declaratória incidental de inconstitucionlidade possui a qualidade de transitar em julgado, ao teor do art. 470 do Código de Processo Civil, além de que o recurso que dela advier será julgado pelo pleno do Tribunal jurisdicionante e se enquadra, de forma clara, entre os prequestionamentos necessários à utilização de eventual recurso extraordinário.

É o que se depreende da lúcida lição de José Carlos Barbosa Moreira,[87] quando esclarece: "A decisão que este profira na ação declaratória incidente é decisão sobre pedido, em sentido técnico, e por isso mesmo decisão idônea a adquirir a *auctoritas rei iudicatae*". E termina, referindo-se às meras questões de fato e de direito, com estas considerações: "O que se passa com a solução de semelhantes questões, após o trânsito em julgado da sentença definitiva, é o mesmo que se passa com a das questões que o juiz tenha apreciado unicamente para assentar as premissas da sua conclusão: nem a umas nem a outras se estende a *auctoritas rei iudicatae*".

---

87 *Temas de direito processual* (Primeira Série), 2ª ed., São Paulo, Saraiva, 1988, p. 94 e 100.

3.12. Tutela antecipada e revelia na ação declaratória incidental de inconstitucionalidade

A concessão de tutela antecipada no bojo da ação declaratória incidental de inconstitucionalidade é possível, desde que presentes os requisitos legais. A tutela antecipada constituirá na desaplicação imediata da lei, isto porque a tutela antecipada consistirá em um mandado, em uma ordem que se cumpre materialmente.

Contrariamente ao nosso posicionamento é a doutrina de Luiz Guilherme Marinoni,[88] quando leciona: "É impossível a antecipação da eficácia declaratória, ou mesmo conferir antecipadamente ao autor o bem da 'certeza jurídica', somente capaz de ser a ele atribuído pela sentença declaratória".

Discordamos do posicionamento, a certeza jurídica apenas advirá dos limites objetivos da coisa julgada, o que se antecipa é o efeito concreto da sentença que possa ser traduzido em ordem, em mandado, logo poderá ser objeto de tutela antecipada.

Em abono ao nosso entendimento, a doutrina de Humberto Theodoro Júnior, com estas considerações: "Não há, como se vê, na mais moderna visão doutrinária do processo preventivo, nenhum obstáculo a medidas cautelares, sejam conservativas ou antecipatórias, no âmbito da tutela de mérito declaratória ou constitutiva".

Pondere-se a existência de impedimento de concessão de tutela antecipada em face da Fazenda Pública em algumas circunstâncias, quais sejam: a) a prevista na Lei 9.494, de 10.09.1997, que impede a concessão de tutela antecipada contra a Fazenda Pública, em situações que envolvam proveito pecuniário em favor dos servidores públicos; b) a existente na Súmula 212 do Superior Tribunal de Justiça, que impede a concessão de compensação de créditos tributários por meio de tutela antecipada.

---

88 *A tutela antecipatória nas ações declaratória e constitutiva*, artigo publicado na RT 741/77.

Portanto, não há, a nosso juízo, impedimento legal à concessão de tutela antecipada, no bojo de ação declaratória incidental de inconstitucionalidade, se presentes os requisitos legais, fixados no ordenamento processual.

Entendemos impossível a ocorrência dos efeitos da revelia, no bojo da ação declaratória incidental de inconstitucionalidade, visto que seu objeto trata de questão exclusivamente de direito, que não envolve qualquer fato, como está a exigir o art. 319 do Código de Processo Civil.

Conforme nosso pensamento a jurisprudência do Superior Tribunal de Justiça, estampada no julgamento do Recurso Especial 252.152-MG,[89] com esta Ementa: "A revelia tem aplicação factual, pois acarreta a incontrovérsia dos fatos alegados pelo autor. Isto não representa a automática procedência do pedido, eis que a revelia somente alcança os fatos e não o direito a que se postula".

3.13. Julgamento antecipado da lide e atuação do Ministério Público

É de rigor a aplicação do instituto do julgamento antecipado da lide, disciplinado pelo art. 330 do Código de Processo Civil brasileiro, por se tratar de questão exclusivamente de direito, mais precisamente de Direito constitucional.

A posição doutrinária é unânime, por todos transcreve-se a doutrina de José Joaquim Calmon de Passos,[90] com estas considerações: "A primeira regra a se retirar, por conseguinte, é de que, não havendo controvérsia sobre o fato, o juiz julgará de logo o mérito da causa, excluída a instrução em audiência. Costuma-se dizer, nesses casos, tratar-se de questão exclusivamente de direito, traduzindo-se com isso a situação de apenas divergirem os litigantes quanto às consequências jurídicas".

---

89 REsp. 252.152-MG, Relator: Ministro Waldemar Zveiter, Terceira Turma, julgamento ocorrido em 20.02.2001, estampado na RT 792/225.

90 *Comentários ao Código de Processo Civil*, 3ª ed., Vol. III, Rio, Forense, 1979, p. 563.

A atuação do representante do Ministério Público no feito, seja fática, seja apenas via de intimação, é necessária, forte no art. 82 do Código de Processo Civil, como fiscal da lei, que aqui tem sua modalidade suprema, a fiscalização da constitucionalidade da lei.

Discorrendo sobre a matéria no ordenamento jurídico italiano, esta é a lição de Gian Antonio Micheli,[91] quando leciona: "Il pubblico ministero può intervenire in qualsivoglia causa in cui ravvisi um pubblico interesse (art. 70, ult. Comma)", e termina: "In questo modo il p.m. può, entro certi limiti, diminuire la pienezza della disponibilità di um diritto della parte dei titolari di esso in quanto, come si vedrà, com il suo intervento il p.m. può integrare e modificare l'iniziativa delle parti private".

3.14. Efeitos do ajuizamento da ação declaratória incidental de inconstitucionalidade

A propositura da ação declaratória incidental de inconstitucionalidade consistirá, necessariamente, na ampliação do objeto de conhecimento e de decisão do representante da função jurisdicional.

Há também, sem sombra de dúvidas, ampliação de demandas, uma delas sendo a demanda principal, cujo objeto será de Direito civil, comercial, penal ou do trabalho, e outra demanda prejudicial, que contém a lide constitucional.

Haverá também, por consequência, ampliação do pedido e expansão da incidência da coisa julgada sob aspecto objetivo, ou seja, com relação ao dispositivo da decisão que julgar o pedido da demanda.

É o que assevera a jurisprudência colhida do julgamento do RE 108.873-RJ: "Outrossim, o acórdão entendeu com exatidão que a declaração incidental de inconstitucionalidade só tem efeito entre as partes".[92]

---

91 *Corso di diritto processuale civile*, Vol. I, Milano, Giuffrè, 1959, p. 215.

92 Julgamento em 09.09.1988, Relator: Ministro Djaci Falcão, publicado na RTJ 123/243.

Ademais, o efeito do julgamento da procedência ou não do pedido será retroativo à promulgação da lei ordinária ou da Constituição, o que ocorrer primeiro. Neste patamar é o julgamento do RE em Mandado de Segurança 93-PR,[93] "A declaração de inconstitucionalidade de lei pelo Supremo Tribunal Federal, tem efeito retro-operante...".

O trâmite da ação declaratória incidental de inconstitucionalidade não provoca a suspensão do feito principal ao qual é jungido, provoca sim a conexão por prejudicialidade entre o julgamento da demanda incidental e a demanda principal, já que a procedência do pedido constante da primeira influi, modifica o resultado do julgamento do pedido constante da última.

Nosso posicionamento é confirmado pela jurisprudência do Superior Tribunal de Justiça, estampada no julgamento do REsp. 7.256-PR,[94] com estas considerações: "A existência de conexão autoriza tão-somente a reunião dos feitos pra julgamento simultâneo e decisão uniforme, nunca a suspensão de uma ação, supostamente conexa".

Neste sentido, José Carlos Barbosa Moreira: "é lícito apreciar, por via incidental, a questão da constitucionalidade no curso do processo relativo a caso concreto, como questão prejudicial, que se resolve para assentar uma das premissas lógicas do julgamento da lide".[95]

Diferentemente é na Itália, onde, em razão do sistema eclético de constitucionalidade, o processamento da prejudicial de inconstitucionalidade suspende o trâmite do processo principal. Situação similar também ocorre na Espanha.

Deve ser mencionado o escólio de Mauro Cappelletti,[96] representanto a unanimidade da doutrina italiana, com estas considerações: "il giudice competente sulla domanda principale e non sulla

---

[93] Julgamento em 07.05.1990, Relator: Ministro Armando Rollemberg, publicado na RSTJ 10/164.

[94] Recurso Especial 7.256-PR, Relator: Ministro Pedro Accioli, publicado no DJU de 20.05.91.

[95] *O novo processo civil brasileiro*, 16ª ed., Rio, Forense, 1997, p. 175.

[96] *La pregiudizialità costituzionale nel processo civile*, Milano, Giuffrè, 1972, p. 98.

domanda di accertamento incidentale deve sospondere di conoscere della prima e riinviare l'esame della seconda al giudice competente".

Em termos iguais é o posicionamento de Encarnación Pageo,[97] sustentando de forma uniforme a doutrina espanhola: "cuando un órgano judicial dude de la constitucionalidad de una norma que incida en su fallo, deberá, suspendiendo el procedimiento, elevar dicha cuestión al TC".

3.15. Sentença na ação declaratória incidental de inconstitucionalidade

Com a sentença de procedência do pedido constante da ação declaratória incidental de inconstitucionalidade obtém-se a desaplicação da lei que serviria de fundamento à decisão do pedido constante da demanda principal.

Perceba-se que com a desaplicação da lei, que o juízo de primeiro grau de jurisdição entendeu inconstitucional, a parte ativa, que foi beneficiada com a procedência do pedido da ação declaratória incidental de inconstitucionalidade, estará fazendo valer o princípio da supremacia da norma constitucional e promovendo a aplicação fática do princípio do Estado Democrático de Direito, livrando-se também do império da lei inconstitucional.

Confirmando nosso estudo, Themístocles Cavalcanti doutrina "que a decisão se limite ao caso em litígio, não decretando a nulidade em tese do ato, mas subtraindo à sua autoridade a espécie".[98]

Isso porque, segundo pensamos, a declaração de inconstitucionalidade de lei ou ato normativo, no sistema judicial, valendo-se do método difuso, para declarar a nulidade da lei, dependerá do voto da maioria absoluta dos componentes do tribunal com competência para tanto, ao teor do art. 97 da Constituição Federal brasileira de 1988.

---

97 *La cuestion de inconstitucionalidad em el proceso civil*, Madrid, Civitas, 1990, p. 68.

98 *Do controle da constitucionalidade*, Rio, Forense, 1966, p. 65.

3.15.1. Ineficácia particular e ineficácia geral da lei declarada inconstitucional

Esclareça-se que a lei que foi desaplicada ao caso concreto, com a procedência do pedido constante da ação declatória incidental de inconstitucionalidade, continuará vigente e eficaz com relação a outras relações jurídicas, porventura existentes, envolvendo pessoas físicas, jurídicas ou entes despersonificados, perdendo sua eficácia tão-somente entre as partes que figurarem na demanda; é a figura que chamamos de ineficácia particular da lei ou ato normativo equivalente, declarado inconstitucional.

Note-se que tal figura de direito processual constitucional apenas ocorrerá no julgamento da inconstitucionalidade, no sistema judicial, pelo método difuso.

Outra hipótese, a qual chamamos de ineficácia geral da lei ou ato normativo equivalente declarado inconstitucional, é aquela que ocorre quando a lei cuja inconstitucionalidade foi declarada pelo método difuso, portanto de forma incidental, é confirmada pelo Supremo Tribunal Federal, e, *ipso facto*, o Senado Federal, forte no art. 52, X, da Constituição Federal, suspender sua eficácia, em se tratando de norma federal.

Em matéria de declaração de inconstitucionalidade incidental de lei estadual em face da Constituição Estadual, em julgamento pelo Egrégio Tribunal de Justiça, do qual ocorreu trânsito em julgado, a eficácia daquela (norma estadual) será suspensa por ato da Assembleia Legislativa. Em Minas Gerais, a matéria é regida pelo art. 62, XXIX, da Constituição Estadual.

3.15.2. Natureza jurídica da sentença

A sentença que julga o pedido constante na ação declaratória incidental de inconstitucionalidade tem natureza declaratória.

Conforme nosso entendimento, leciona George H. Jaffin: "Isto corrobora nossa tese inicial: que as sentenças, nos casos constitucionais, são essencialmente declaratórias".[99]

Contrária ao nosso posicionamento é a doutrina de Regina Maria Macedo Nery Ferrari,[100] quando doutrina: "Tendo considerado que a lei inconstitucional não é nula, mas simplesmente anulável, pois que produz efeitos normais até a decisão que assim a considera e que, por isso mesmo, a sentença que a decreta é do tipo constitutivo".

Entendemos equivocada a posição da festejada doutrinadora, pois a sentença que declara a inconstitucionalidade não tem o condão de desconstituir a lei, revogando-a, missão que não é outorgada à função judiciária, e sim à função legislativa com a edição de lei nova disciplinadora da matéria.

3.15.3. Efeitos da sentença

A sentença que declara a procedência do pedido, em sede de ação declaratória incidental de inconstitucionalidade, tem como característica fundamental influir no resultado do julgamento do pedido constante da ação principal, levando à sua improcedência ou procedência parcial.

É o conteúdo da doutrina esposada por Miguel Puerto,[101] neste diapasão: "las sentencias de inconstitucionalidad dictadas en las denominadas 'cuestiones de inconstitucionalidad', sin perjuicio, respecto de estas, del impacto directo e inmediato en el proceso ordinário del que la 'cuestión' trae causa".

Na mesma linha é o ensinamento de Arruda Alvim,[102] esclarecendo: "A ideia específica, inerente à ação declaratória incidental e

---

99 *Evolução do controle jurisdicional da constitucionalidade das leis nos Estados Unidos*, artigo publicado na RF 86/280.

100 *Efeitos da declaração de inconstitucionalidade*, São Paulo, Revista dos Tribunais, 1990, p. 99.

101 *Jurisdiccion constitucional y procesos constitucionales*, Madrid, Colex, 1991, p. 225.

102 *Ação declaratória incidental*, artigo publicado na RP 20/9, São Paulo, Revista dos Tribunais, 1976.

seu relacionamento com a principal, consiste em que a relação jurídica, contida na ação declaratória, é prejudicial ao julgamento do objeto litigioso. Isto é, a relação jurídica da ação declaratória incidental é condicionante da outra relação jurídica (do processo principal), que é também a relação jurídica prejudicada ou condicionada".

3.15.4. Efeitos secundários da sentença

O efeito secundário mais importante da sentença é a ineficácia particular que advém da não aplicação da lei ordinária tida como inconstitucional, como resultado da procedência do pedido constante na ação declaratória incidental de inconstitucionalidade, em primeiro grau de jurisdição.

Confirmada a procedência do pedido em julgamento da inconstitucionalidade incidental de lei ordinária federal em face da Constituição Federal, em recurso ao Supremo Tribunal Federal, poderá ocorrer a ineficácia plena da lei ordinária se o Senado Federal, com fundamento no art. 52, X, da Constituição Federal, suspender sua eficácia.

Com relação ao julgamento da inconstitucionalidade incidental de norma estadual perante a Constituição Estadual, confirmada pelo Tribunal de Justiça, com trânsito em julgado, a ineficácia da lei estadual dependerá de ato da Assembleia Legislativa Estadual; em Minas Gerais, a matéria é constante do art. 62, XXIX, da Constituição Estadual.

3.16. Recurso do julgamento da ação declaratória incidental de inconstitucionalidade

O recurso da sentença que julga o pedido constante da ação declaratória incidental de inconstitucionalidade procedente, confirmando a tutela antecipada concedida, será o recurso de apelação, seu efeito será devolutivo (art. 520, VII, do CPC), sujeitando-se, portanto, à execução provisória, se cabível à espécie, na forma do art. 521 do Código de Processo Civil brasileiro.

Se julgado improcedente o pedido, igualmente cabe o recurso de apelação, agora seus efeitos serão o devolutivo e o suspensivo, salvo a hipótese da concessão do efeito ativo com suspensão do cumprimento da decisão até o pronunciamento definitivo da Turma ou Câmara, se do caso puder resultar lesão grave e de difícil reparação, previsto no art. 558 do Código de Processo Civil brasileiro.

Se o julgamento de procedência do pedido for em face da União, dos Estados, dos Municípios, de suas respectivas autarquias, fundações de direito público, no julgamento de embargos do devedor, haverá remessa dos autos ao Tribunal jurisdicionante para confirmação da sentença, sob pena de não ocorrer seu trânsito em julgado (art. 475 do CPC).

A providência será desnecessária sempre que a demanda tiver valor certo não superior a 60 salários mínimos, forte no art. 475, § 2º, do Código de Processo Civil brasileiro.

Mencione-se a possibilidade inserta no art. 518, § 1º, do Código de Processo Civil brasileiro de não recebimento do recurso de apelação se a sentença que for exarada para julgamento do pedido estiver em conformidade com súmula do Superior Tribunal de Justiça ou do Supremo Tribunal Federal.

A nosso juízo, o novo pressuposto de admissibilidade recursal vulnera o princípio constitucional sensível do duplo grau de jurisdição, que decorre da própria construção topológica da Constituição Federal de 1988.

Pois, se a Carta Magna organiza a justiça brasileira contendo juízos de primeiro e segundo graus de jurisdição, logo o cidadão brasileiro deverá ter acesso aos tribunais, sem que seja justificativa para restrição a este acesso o número exacerbado de recursos tramitando nos tribunais, pois mais lógica seria a ampliação do número de tribunais e julgadores e não a restrição ao acesso aos tribunais superiores.

Note-se que a medida, em tese, representa violação ao princípio constitucional da ampla defesa com todos os meios e recursos a ela inerentes e o princípio da inafastabilidade ilimitada do acesso à função judiciária, porque, se a Constituição Federal não limita o exercício do princípio da ampla defesa e não impede o acesso irrestrito aos tribunais, não poderá o legislador ordinário, seja a que título for, vulnerar tais princípios constitucionais.

3.17. Coisa julgada na ação declaratória incidental de inconstitucionalidade

A coisa julgada ao teor do art. 469 do Código de Processo Civil, tem efeito processual *interpartes*, alcançando terceiros que exerçam a posição de sucessores a título *intervivos* ou *causa mortis*, terceiros interessados, que poderão recorrer por via de recurso de apelação, concedido ao terceiro prejudicado, previsto no art. 499 do Código de Processo Civil.

Ratificando nosso posicionamento, Liebman: "Un caso particolare di azione d'accertamento è quello della domanda di accertamento incidentale, che si può proporre in un processo pendente per chiedere che su una questione pregiudiziale venga pronunciata una decisione vera e própria, com piena efficacia di giudicato".[103]

Divergente é a lição de Ada Pellegrini Grinover,[104] quando leciona: "pelo controle difuso, no processo comum, quando a parte alega, como fundamento da ação ou da defesa, a inconstitucionalidade de lei ou ato normativo: esta arguição é feita *incidenter tantum* e constitui sempre questão prejudicial". E conclui: "Se a declaração da inconstitucionalidade ocorre incidentemente, pela acolhida da questão prejudicial que é fundamento do pedido ou da defesa, a decisão não tem autoridade de coisa julgada, nem se projeta — mesmo *interpartes* — fora do processo no qual foi proferida".

Ousamos discordar, pois se uma das partes requerer que a questão judicial seja julgada por meio de ação declaratória autônoma ou ação declaratória incidental, claramente cabível no caso narrado, já que, como deixamos claro alhures, a questão prejudicial caracteriza-

---

103 *Manuale di diritto processuale civile*, Milano, Giuffrè, 1968, p. 64.

104 *Controle da constitucionalidade*, artigo publicado na RP 90/11.

se pelo fato de ter oportunidade processual o seu julgamento por ação autônoma, haverá, à evidência, a aplicação da coisa julgada em sua inteireza.

E, em abono ao nosso posicionamento, trazemos a lume o escólio da própria Ada Pellegrini,[105] quando esclarece: "condição — pacificamente aceita — de que a declaratória incidental só é possível com respeito a questões prejudiciais que, por sua matéria, poderiam constituir objeto principal de uma ação separada".

A manifestação jurisprudencial é acorde, no julgamento da Apelação 2.000.001153-3/0000-00, TJMS: "Controle de constitucionalidade — Tributo — Admissibilidade — Controle difuso de constitucionalidade que é admitido em qualquer causa, restrito o resultado às partes contendoras".[106]

3.18. Cumprimento de sentença na ação declaratória incidental de inconstitucionalidade

A doutrina clássica é unânime no sentido de que não cabe execução de sentença no bojo de ação declaratória.

É o que se nota do julgamento de Giuseppe Chiovenda,[107] quando se lê: "Il nome di sentenze di mero accertamento comprende lato sensu tutii i casi in cui la sentenza del giudice non può aver seguito d'esecuzione forzata".

Ocorre que no direito processual civil brasileiro, desde o Regulamento 737, de 1850, passando pelo Código de Processo Civil de 1939, até adentrar nos domínios do Código de Processo Civil de 1973, hoje vigente, sempre existiram pedidos declaratórios que podiam ser objeto de execução, seja por meio de simples mandado, como ocorriam com as ações possessórias, as ações dominiais e as ações de investiga-

---

105 *Ação declaratória incidental*, São Paulo, Revista dos Tribunais, 1972, p. 69.

106 Julgada em 01.06.2001, Relator: Desembargador Jorge Eustácio da Silva Frias.

107 *Istituzioni di diritto processuale civile*, Vol. I, Napoli, Jovene, 1947, p. 185.

ção de paternidade, seja por exceção de coisa julgada, como é o caso da ação de consignação em pagamento. Com o advento da Lei 11.232, de 22.12.2005, apresentou-se ao mundo jurídico-processual brasileiro a figura do art. 475-N do Código de Processo Civil, que ampliou o universo dos títulos executivos judiciais ao considerar como possuidores desta qualidade todas as sentenças que estabeleçam obrigações, sejam elas de fazer ou não fazer, dar ou entregar.

Com esta modificação, a sentença transitada em julgado, que julgue procedente um pedido declaratório, seja principal ou incidente, passa a constituir título executivo, se constituir obrigação, e normalmente constitui.

O legislador reformista de 2005, neste aspecto, apenas reconheceu a exequibilidade da sentença declaratória em situações como as narradas acima, como, por exemplo, nas ações possessórias, nas ações dominiais que já possuíam esta qualidade desde o Direito romano e do Direito germânico medieval, sem olvidar da não menos vetusta ação de investigação de paternidade.

O pedido de declaração de inconstitucionalidade, julgado procedente, depois de transitado em julgado, poderá servir de exceção de coisa julgada, em pleito que envolva as mesmas partes, a mesma causa de pedir e o mesmo pedido, com o condão de gizar o destino da demanda que lhe é posterior.

Assim o era no Direito grego quando se declarava a vigência dos "topoi"; no Direito inglês, quando primeiro se aproximou da inconstitucionalidade material; no Direito português quando se notou a incompatibilidade do ordenamento filipino com as leis das comarcas; e no Direito norte-americano quando se teve o primeiro caso de declaração de inconstitucionalidade pelo modelo difuso.

É a posição defendida por Themístocles Cavalcanti,[108] quando pontifica: "que a execução se realize somente entre as partes, não atingindo os casos análogos, que dependem de novas demandas".

---

108 *Do controle da constitucionalidade*, Rio, Forense, 1966, p. 65.

É lapidar a doutrina de Prieto Castro: "esta es la sentencia declaratória, que agota su eficácia en la fuerza de cosa juzgada y no constituye, como la condena, un título ejecución".[109]

Se o pedido de declaração da existência de relação jurídica foi julgado procedente, é exequível no efeito que possa advir do título executivo judicial. Como, por exemplo, se alguém requerer a declaração judicial por meio de sentença, de que entre ele e terceiro existe uma relação jurídica de usucapião, portanto com efeito vinculante e apta a transferir a propriedade.

Em sendo o pedido julgado procedente e ocorrer seu trânsito em julgado, a sentença dentro de seus limites objetivos será apta a efetuar a transferência do bem junto ao Cartório de Registro de Imóveis competente.

Se a declaração é de inexistência de relação jurídica, como aquela que declara inexistir a posse justa do réu, determina-se a desocupação imediata do imóvel por meio do competente mandado judicial de reitegração de posse.

Ou ainda aquela ação declaratória de filiação, também chamada de ação de investigação de paternidade, que, se julgada procedente, tem o condão de determinar a inscrição do nome do pai na certidão de nascimento do filho por meio de ordem judicial a ser cumprida junto ao Cartório de Registro Civil e Pessoas Naturais.

O doutrinador Humberto Cuenca relaciona diversas ações eminentemente declaratórias com estas considerações: "Son acciones declarativas procesales... las seguientes: las acciones interdictales posesorias...". E termina: "En cuanto a las acciones declarativas de carácter sustancial: a) De estado y filiación, inquisición de la paternidad, b) Las reltivas a la propriedad, c) Las relativas a la quiebra, d) Todas las relativas a las prescripciones adquisitivas".[110]

Não se olvide da possibilidade tranquila da execução de honorários advocatícios, custas e demais despesas processuais.

---

109 *La accion declarativa*, Madrid, Editorial Reus, 1932, p. 46-7.

110 *Derecho procesal civil*, Tomo I, Caracas, UCV, 1976, p. 173.

Quanto à procedência do pedido constante da ação declaratória incidental de inconstitucionalidade, que determina, em primeiro grau de jurisdição, a não aplicação da lei ou ato normativo equivalente, eivada de inconstitucionalidade, a execução ou não do julgado variará conforme o caso concreto.

Se o resultado do julgamento puder traduzir em título líquido, certo e exigível, poderá ocorrer a execução do título executivo judicial, como, por exemplo, na hipótese em que se declare a inconstitucionalidade de um artigo de lei que institui um indexador de correção monetária em um tributo, mantendo-o válido quanto aos demais aspectos.

A execução do julgado poderá ser feita, em caso de recusa de cumprimento espontâneo pela Fazenda Pública, na forma do art. 730 do Código de Processo Civil, com as alterações introduzidas pelo art. 100 da Constituição Federal.

Se o resultado do julgamento se traduzir na entrega de bem corpóreo, certo e determinado, como em um caso que se declare a inconstitucionalidade de um dos artigos do Decreto-lei 70/66, que disciplina os mútuos ligados ao Sistema Financeiro da Habitação, poderá propiciar a execução para entrega de coisa certa, disciplinada pelo art. 621 do Código de Processo Civil.

Se o resultado constituir-se em bem incorpóreo, é possível a execução indireta do julgado, com a obtenção de uma certidão de trânsito em julgado da sentença que determinou a não aplicação da norma ordinária tida como inconstitucional, com o manejo e procedência de uma exceção de coisa julgada, para excluir a aplicação da norma ordinária tida como inconstitucional.

A exceção de coisa julgada poderá ser manejada na mesma demanda ou em demanda futura que envolva as mesmas partes, o mesmo pedido e a mesma causa de pedir, como, por exemplo, na hipótese de diversas execuções fiscais que o Fisco move em face da mesma pessoa, nas quais se declara a inconstitucionalidade do tributo e, por consequência, a insubsistência da execução fiscal.

O prejudicado poderá livrar-se da incidência da lei tida como inconstitucional e como consequência da execução com o manejo da exceção de coisa julgada, seja por meio de peça em apartado, no bojo da execução fiscal ou de seus embargos, seja por meio de objeção de pré-executividade, seja por meio dos embargos do devedor.

Conclusão

O estudo do processo constitucional começou na Europa, de forma mais precisa na Itália, com Calamandrei, ganhou força com as lições de Mauro Cappelletti, chegou à América, com Hugo Alsina, Eduardo Couture e Fix-Zamudio e aportou no Brasil com os estudos de José Frederico Marques, Ada Pellegrini Grinover e José Alfredo de Oliveira Baracho.

A evolução dos conceitos de processo e ação ocorreu ligada ao desenvolvimento teórico do Direito constitucional, vinculado a movimentos políticos, sociais, econômicos e filosóficos.

Existem correntes filosófico-jurídicas que sustentam a inexistência de um direito constitucional, bem assim de um Direito processual pós-moderno.

Não obstante, sustentamos que a partir da criação da União Europeia, com moeda única e tentativa de unificação do Direito constitucional em uma versão supranacional vinculando todo o continente europeu, sem olvidar a expansão do conceito de Estado Democrático de Direito, pode-se falar em Direito constitucional pós-moderno.

No campo do Direito processual civil, estão a crise da jurisdição, com a existência de grupos terroristas desafiando o poder central, e a privatização do direito processual, propiciando às partes substituir o Estado em transações penais e civis.

Essas transações têm por propósito pôr fim em litígios, concedendo aos interessados nos processos de separação judicial e divórcio consensuais e inventários oportunidade de substituir a atuação do Judiciário por meio de ajuste constante de escritura pública, nos casos que a lei autorizar.

Há ainda a hipótese, no processo de execução, na qual o próprio exequente pode promover a alienação do bem penhorado, sem a interseção da função judiciária, a indicar marcos fáticos capazes de divisar um Direito processual moderno do Direito processual pós-moderno.

Os Direitos constitucionais de primeira geração apareceram com o surgimento do Estado liberal, embasado nos postulados das Revoluções francesa e americana, garantindo os direitos de liberdade, propriedade e igualdade. O embasamento filosófico da época era ligado às lições de Locke, Montesquieu, Rosseau e Kant.

No campo do processo, a esse tempo, imperava o conceito civilista de ação, como reação a uma violação e de processo ligado à ideia de contrato ao qual as partes se submetiam, comprometendo-se a aceitar a decisão judicial.

No Brasil, a Constituição Federal de 1824 não previa o controle de constitucionalidade pela função judiciária, mas pela função legislativa, talvez por influência dos dogmas da Revolução Francesa. Por outro lado, o Regulamento 737, de 1850, não previa o tratamento processual do controle de constitucionalidade difuso.

Aliados ao Estado Social e impulsionados pelo movimento operário, surgem os Direitos constitucionais de segunda geração, classificados como direitos coletivos e sociais, que podem ser exemplificados como direito à saúde, à escola, ao trabalho, à previdência social.

O suporte filosófico ao movimento cognominado Estado Social era dado pelas lições de Marx, Engels e Hegel.

A ação passa a ser vista como o poder de atuar a vontade concreta da lei, tendo em Chiovenda o seu grande expoente. O processo passa a ser visto como relação jurídica processual, a partir das lições de Oskar von Bulow.

Introduz-se no Brasil o controle de constitucionalidade com a Constituição de 1891.

Com a Constituição de 1934, amplia-se a atuação do controle de constitucionalidade, surge o mandado de segurança, a ação direta de inconstitucionalidade interventiva.

Na Constituição de 1937, há regressão no tratamento do controle de constitucionalidade, inclusive com a supressão do mandado de segurança do rol de garantias individuais e a permissão de que a lei declarada inconstitucional pelo Judiciário fosse reapreciada pelo Congresso, por iniciativa do Executivo, e se fosse aprovada por dois terços dos congressistas, teria plena vigência.

O Código de Processo Civil de 1939 é apresentado à comunidade jurídica sem disciplinar o tratamento do controle de constitucionalidade difuso, com proibição, em seu art. 319, de se conceder mandado de segurança contra ato do governo, em qualquer de suas esferas.

A Constituição de 1946 reinclui em pauta os aspectos do controle de constitucionalidade que foram suprimidos e faz surgir a ação direta de inconstitucionalidade de lei ou ato normativo em abstrato, por meio da Emenda Constitucional 16, que veio à tona em 26.11.1965.

Em oposição ao suposto avanço do movimento operário, instaurou-se no Brasil a Revolução de 1964, outorga-se a Constituição de 1967/69, com proibição, no art. 181 das Disposições Constitucionais Transitórias, de se conceder mandado de segurança contra qualquer ato do governo revolucionário.

Surge o Código de Processo Civil de 1973, com tratamento do controle incidental de constitucionalidade, valendo-se do método difuso, apenas no segundo grau de jurisdição, em seus arts. 480 a 482, sem nenhuma previsão para o tratamento da matéria em primeiro grau de jurisdição.

Adolph Wach identificou, em 1865, o direito de ação e o direito de demanda. Já em 1888, Degenkolb e Ploz sustentaram a existência de um direito abstrato de ação de fundamento processual. Em 1892, com edição italiana publicada em 1912, Jellinek propôs a teoria abstratíssima da ação com fundamento no direito constitucional.

No Brasil, em 1937, Guilherme Estelita identificou o direito de ação e o isolou do direito de demandar, inclusive ligando o último aos direitos individuais. Em 1942, Couture teve o mérito de divulgá-lo de forma científica na América. Depois, em 1947, Lopes da Costa introduziu o conceito abstrato de ação, com fundamento no Direito processual, no Direito processual brasileiro.

Em 1958, Frederico Marques defendeu a existência de um direito abstratíssimo de ação, com fundamento constitucional no Brasil de forma específica. Em 1973, Ada Pellegrini publicou monografia específica sobre o tema.

Em 1975, Fazzalari propôs sua teoria de ação com fundamento em situações legitimantes, mas o seu desenvolvimento, com explosão em termos mundiais, coube a Andolina, em 1980, e sua difusão generalizada no Brasil coube a Aroldo Plínio Gonçalves e Rosemiro Pereira Leal, entre outros.

A Constituição é o estabelecimento das regras para aquisição, manutenção e transferência do poder, disciplina das instituições estatais e dos direitos fundamentais do homem.

A norma constitucional tem o condão de gizar a produção, a eficácia e a validade da norma ordinária.

A incostitucionalidade é o descumprimento das normas de produção, conteúdo e finalidade das normas ordinárias em confronto com as normas constitucionais, somados aos casos em que a Lei Maior impõe obrigação de agir ao legislador ordinário e este se mantém inerte e ainda à hipótese de infringência direta da norma ordinária ao texto na norma constitucional.

A discussão das origens do controle de constitucionalidade tem várias vertentes, sustentando alguns que surgiu na Grécia, outros em Roma e outra corrente na Inglaterra.

O controle judicial de constitucionalidade das leis e atos normativos, pelo modelo difuso, surgiu nos Estados Unidos, em 1803, no julgamento do caso Marbury x Madison e se espalhou pela América.

O controle judicial de constitucionalidade das leis pelo método concentrado teve origem com o advento da Constituição austríaca de 1920.

O controle legislativo da constitucionalidade teve sua criação na França, que, por influência da Revolução, pregava a impossibilidade de intervenção de um dos poderes constituídos na esfera de atribuições do outro, logo a tarefa de verificar a constitucionalidade das leis seria tarefa do Legislativo e não do Judiciário.

Conclusão

O controle de constitucionalidade brasileiro é eclético e combina o sistema legislativo, com previsão no art. 66, parágrafo único, da Constituição Federal, e o sistema judicial, com fincas nos arts. 96, 102 e 125 da Constituição Federal, combinando os modelos difuso e concentrado.

A ação declaratória tem origem multifária e seus precedentes existiram no Direito germânico, no Direito francês, no Direito romano e no Direito canônico, entre outros.

A primeira legislação a codificar a ação declaratória foi a legislação alemã.

O objeto da ação declaratória no Direito processual brasileiro e no Direito processual alemão é a declaração da existência ou inexistência de uma relação jurídica.

Já no Direito processual portugês, seu objeto é uma relação de fato ou de direito, e no Direito processual italiano, é uma relação de direito.

A relação jurídica que é objeto da ação declaratória pode ser de direito privado ou de direito público, como, por exemplo, de Direito civil, Direito processual ou Direito constitucional.

A ação declaratória pode ser instrumento de controle de constitucionalidade, e, com este objetivo, a primeira legislação a utilizá-la foi a norte-americana, em 1918, seguida por diversos países da América.

A ação declaratória incidental é oriunda de princípio do Direito francês, sendo que a primeira legislação a discipliná-la de forma legal foi a alemã.

A ação declaratória incidental consiste no desenvolvimento de uma questão prejudicial, que podia ser objeto de julgamento autônomo e que passa a consistir em objeto do pedido constante da demanda, ampliando-o e fazendo incidir sobre ele a qualidade da coisa julgada.

Podem ser objeto da ação declaratória incidental as mesmas relações jurídicas que poderiam ser objeto da ação declaratória dita principal.

O julgamento do pedido constante da ação declaratória incidental, se de procedência, influi no julgamento do pedido constante da ação principal, podendo levar à sua improcedência total ou parcial.

Se as relações jurídicas que podem ser objeto da ação declaratória principal podem ser objeto da ação declaratória incidental; se a relação jurídica de Direito público, de Direito constitucional pode ser objeto da ação declaratória, e por consequência direta da interpretação da lei processual, poderão ser objeto da ação declaratória incidental, dimana daí que é possível processualmente o ajuizamento, trâmite e procedência da ação declaratória incidental de inconstitucionalidade no Direito processual brasileiro.

O requisito que a doutrina ortodoxa instituiu para o processamento e julgamento do pedido de inconstitucionalidade, pelo método difuso, por via de demanda, qual seja, que não fosse o pedido autônomo, principal do processo, foi ultrapassado.

A evolução do tempo e a ampliação do conhecimento dos cientistas processuais, com influência na atuação do legislador, fizeram surgir o mandado de segurança, a ação popular, a ação civil pública; a ação declaratória de inconstitucionalidade de lei em tese e a ação declaratória de constitucionalidade passaram a ter por objeto a declaração de inconstitucionalidade, sendo que as primeiras pelo método incidental e as últimas pelo método concentrado.

E não é só a doutrina brasileira e a doutrina estrangeira que passaram a admitir a ação declaratória como instrumento de controle de constitucionalidade, fato que culminou com a proteção legislativa da ação declaratória como instrumento de controle de constitucionalidade em diversos países, como os Estados Unidos, a Argentina e o Uruguai, e depois o Brasil.

A competência para julgamento da ação declaratória incidental de inconstitucionalidade é a mesma competência para julgamento da ação principal.

Se houver incompatibilidade de rito entre a ação tida como principal e a ação declaratória incidental, poderá propor-se a ação declaratória propriamente dita (art. 4º do CPC), conexa àquela. Caso

Conclusão

em que o julgamento da ação declaratória, igualmente, influirá no julgamento da principal.

Se a ação principal for de competência da Justiça do Trabalho ou da Justiça Penal, poderá aí ser ajuizada uma ação declaratória propriamente dita (art. 4º do CPC), conexa à demanda principal, cujo objeto seja a relação jurídica de direito constitucional.

O juiz do feito, por onde tramita a demanda de competência da Justiça do Trabalho e da Justiça Penal, por adoção do controle de constitucionalidade judicial, pelo método difuso, adotado pela Constituição Federal brasileira (art. 97), será competente para julgá-la de forma conexa à principal, e o julgamento do pedido contido na ação declaratória influirá no julgamento da ação principal.

A procedência do pedido constante da ação declaratória de inconstitucionalidade, em primeiro grau de jurisdição, implicará na não aplicação da lei ou do artigo de lei tido como inconstitucional.

Em segundo grau de jurisdição, o julgamento do recurso de apelação, cujo objeto seja a declaração de inconstitucionalidade, deverá ocorrer pelo pleno do Tribunal competente (art. 97 da CF/88) e a inobservância deste requisito importará na nulidade do dispositivo do acórdão.

Constitui efeito secundário da declaração de inconstitucionalidade de lei federal em face da Constituição Federal, em primeiro grau de jurisdição, se confirmada pelo pleno do Tribunal competente para julgamento de eventual recurso, e ratificada pelo julgamento de recurso extraordinário pelo Supremo Tribunal Federal, a expedição de ofício para o Senado Federal, para que este suspenda a eficácia da lei tida como inconstitucional, de acordo com o art. 52, X, da Constituição Federal.

Se a declaração de inconstitucionalidade incidental, em primeiro grau de jurisdição, for de lei estadual, em confronto com a Constituição Estadual, confirmada de forma definitiva pelo Tribunal de Justiça do Estado, a comunicação e a suspensão de eficácia da lei estadual serão feitas pela Assembleia Legislativa do respectivo Estado Federado.

O recurso do julgamento do pedido constante da ação declaratória incidental de inconstitucionalidade será a apelação, com efeito apenas devolutivo. Se o julgamento confirmar a tutela antecipada concedida, igualmente o efeito será apenas devolutivo. Nos casos em que ocorrer o julgamento de improcedência, o efeito será devolutivo e suspensivo.

Haverá remessa oficial se o julgamento for de procedência em face da União, Estados, Municípios, suas Fazendas Públicas, autarquias e fundações de direito público, se as causas forem de valor superior a 60 salários mínimos. A inobservância da remessa oficial impedirá o trânsito em julgado da sentença.

A coisa julgada da ação declaratória incidental de inconstitucionalidade terá incidência e eficácia entre as partes que participaram da demanda, podendo estender-se aos substituídos processualmente admitidos pela legislação e alcançar terceiros interessados que poderão recorrer, seja por apelação, na forma do art. 499 do Código de Processo Civil, ou de ação rescisória, fundada no art. 485 do Código de Processo Civil.

O cumprimento da sentença proveniente da ação declaratória incidental de inconstitucionalidade poderá ocorrer, se o julgamento propiciar título executivo líquido, certo e exigível, se o julgado propiciar título judicial que propicie a execução para a entrega de coisa certa ou a execução indireta por meio do manejo da exceção de coisa julgada na demanda em que couber.

A conclusão inafastável é a de que o sistema de controle de constitucionalidade brasileiro, pelo modelo difuso, em detrimento do cidadão brasileiro que não possui medida jurídica adequada para o exercício do controle de constitucionalidade incidental, em primeiro grau de jurisdição (salvante a ação declaratória incidental de inconstitucionalidade, que ora apresentamos ao mundo jurídico).

Como inarredável é a conclusão que o sistema de controle de constitucionalidade brasileiro, pelo modelo difuso, está tratando a questão prejudicial constitucional com menosprezo, tratando-a não como verdadeira questão prejudicial constitucional, mas como réles questão preliminar.

No sistema recursal, o prejuízo ao cidadão brasileiro continua, pois a repercussão geral, que deveria ser implícita em matéria constitucional, impõe agora sutilezas para impedir o acesso aos tribunais superiores.

Isso como se houvesse, no Estado Democrático de Direito brasileiro, qualquer questão prejudicial constitucional que não fosse relevante ou sem repercussão geral.

Note-se, sem medo de ofender o Estado Democrático de Direito brasileiro, que o sistema de súmulas vinculantes impeditivas de recurso e a malfadada possibilidade de se exarar sentenças em demandas que se julgam repetivivas, com substância no art. 285-A do Código de Processo Civil, incumbem de truncar, na versão brasileira, o sistema de controle de constitucionalidade pelo método difuso.

A discussão da matéria constitucional está outra vez jungida a pressuposto processual recursal ou, segundo outra corrente de estudiosos, em condição de admissibilidade de recursos ou meio transformador da questão prejudicial constitucional em questão preliminar em prejuízo do cidadão brasileiro e do bom nome do Estado Democrático de Direito que impera hoje no Brasil.

Bibliografia

ALSINA, Hugo. *Tratado teórico prático de derecho procesal civil y comercial*, Buenos Aires, CAE, 1941.

ALEXY, Robert. *Teoria da argumentação jurídica*, São Paulo, Landy, 2001.

ALLORIO, Enrico. *El ordenamento jurídico en el prisma de la declaración judicial*, Buenos Aires, Ejea, 1958.

ANDOLINA, Ítalo e VIGNERA, Giuseppe. *Il modelo costituzionale del processo civile italiano*, Torino, Giappichelli, 1980.

_____. *O papel do processo na atuação do ordenamento constitucional e transnacional*, Revista de Processo 87, São Paulo, Revista dos Tribunais, 1997.

ARECHAGA, Eduardo Jimenez de. *A ação declaratória de inconstitucionalidade na Constituição uruguaia de 1934*, Revista Forense 86/243, Rio, Forense, 1941.

ARRUDA ALVIM. *Ação declaratória incidental*, Revista de Processo 20/9, São Paulo, Revista dos Tribunais.

BACHOF, Otto. *Normas constitucionais inconstitucionais?*, Lisboa, Almedina, 1994.

BANDEIRA DE MELLO, Celso Antônio. *Leis originalmente inconstitucionais compatíveis com emenda constitucional superveniente*, Revista de Direito Administrativo 215/85, São Paulo, Renovar.

BANDEIRA DE MELLO, Oswaldo Aranha. *A teoria das Constituições rígidas*, São Paulo, Bushatsky, 1980.

BARACHO, José Alfredo de Oliveira. *Processo constitucional*, Rio, Forense, 1984.

BARBI, Celso Agrícola. *Evolução do controle da constitucionalidade das leis no Brasil*, Revista de Direito Público 4/34, Rio.

BARBOSA, Ruy. *A Constituição e os actos inconstitucionais*, 2ª ed., Rio, Atlântida, 1928.

BARBOSA MOREIRA, Jóse Carlos. *Temas de direito processual*, Sexta série, São Paulo, Saraiva, 1997.

_____. *O neoprivativismo no processo civil*, Revista de Processo 122/9, São Paulo, Revista dos Tribunais.

BASTOS, Celso Seixas Ribeiro. *Controle da constitucionalidade das leis*, Revista de Direito Público 67/64.

_____. *Perfil constitucional da ação direta de declaração de inconstitucionalidade*, Revista de Direito Público 22/78, São Paulo, Revista dos Tribunais.

BAUR, Fritz. *Der Anspruch auf rechtliches Gehor, Archiv fur die civilistiche*, Práxis, 1955.

BIDART, Adolfo Gelsi. *Incidência constitucional sobre el processo*, Revista de Processo 30, São Paulo, Revista dos Tribunais, 1983.

BIDART CAMPOS, Germam. *La interpretacion y el control constitucionales em la jurisdiccion constitucional*, Buenos Aires, Ediar, 1987.

BITTENCOURT, Lúcio. *O controle jurisdicional da constitucionalidade das leis*, Rio, Forense, 1949.

BOBBIO, Noberto. *A era dos direitos*, Rio, Campus, 1992.

BONAVIDES, Paulo. *Curso de direito constitucional*, 7ª ed., São Paulo, Malheiros, 1997.

BORGES, Marcos Afonso. *Comentários ao Código de Processo Civil*, Vol. II, São Paulo, Leud, 1975.

BUZAID, Alfredo. *A ação declaratória no direito brasileiro*, 2ª ed., São Paulo, Saraiva, 1986.

Bibliografia

_____. *Da ação direta de declaração de inconstitucionalidade no direito brasileiro*, São Paulo, Saraiva, 1958.

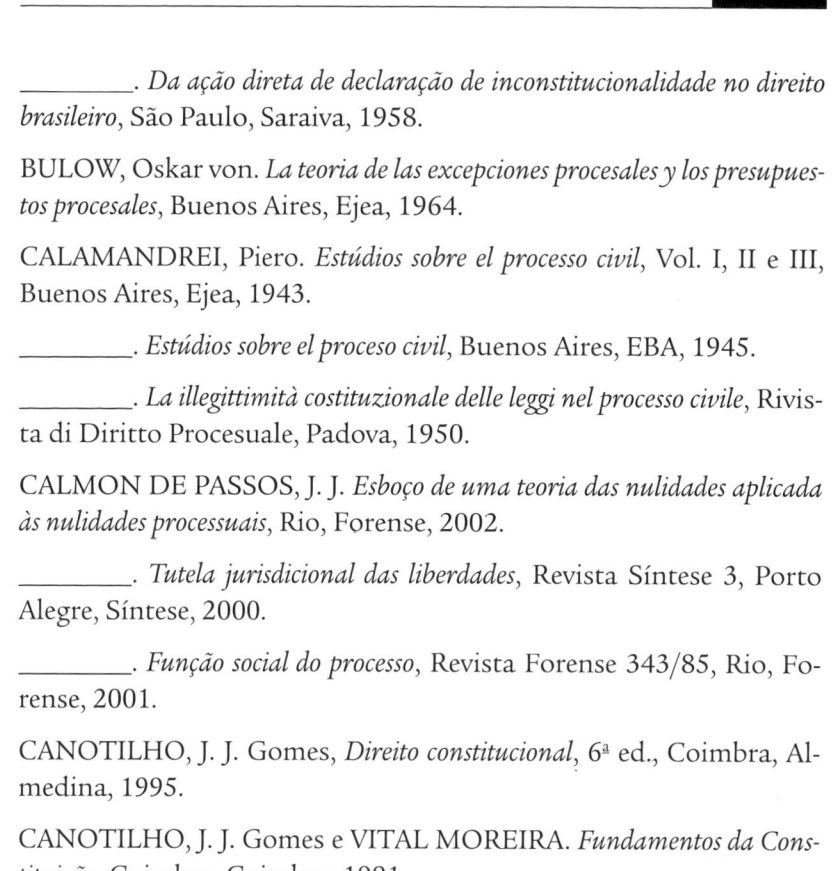

BULOW, Oskar von. *La teoria de las excepciones procesales y los presupuestos procesales*, Buenos Aires, Ejea, 1964.

CALAMANDREI, Piero. *Estúdios sobre el processo civil*, Vol. I, II e III, Buenos Aires, Ejea, 1943.

_____. *Estúdios sobre el proceso civil*, Buenos Aires, EBA, 1945.

_____. *La illegittimità costituzionale delle leggi nel processo civile*, Rivista di Diritto Procesuale, Padova, 1950.

CALMON DE PASSOS, J. J. *Esboço de uma teoria das nulidades aplicada às nulidades processuais*, Rio, Forense, 2002.

_____. *Tutela jurisdicional das liberdades*, Revista Síntese 3, Porto Alegre, Síntese, 2000.

_____. *Função social do processo*, Revista Forense 343/85, Rio, Forense, 2001.

CANOTILHO, J. J. Gomes, *Direito constitucional*, 6ª ed., Coimbra, Almedina, 1995.

CANOTILHO, J. J. Gomes e VITAL MOREIRA. *Fundamentos da Constituição*, Coimbra, Coimbra, 1991.

CAPPELLETTI, Mauro. *La pregiudizialità costituzionale nel processo civile*, Milano, Giuffrè, 1972.

_____. *La giurisdizione costituzionale delle liberta*, Milano, Giuffrè, 1955.

_____. *O controle judicial de constitucionalidade das leis no direito comparado*, tradução Aroldo Plínio Gonçalves, supervisão José Carlos Barbosa Moreira, Porto Alegre, Fabris, 1992.

CARNELUTTI, Francesco. *Sistema di diritto processuale civile*, Padova, Cedam, 1936.

CARVALHO DIAS, Ronaldo Brêtas de. *Direito à jurisdição eficiente e garantia da razoável duração do processo na reforma do Judiciário*, Revista de Processo 128, São Paulo, Revista dos Tribunais.

CASTRO NUNES. *Teoria e prática do poder Judiciário*, Rio, Forense, 1943.

CASTRO, Torquato. *Ação declaratória*, 3ª ed., Recife, Universidade Federal de Pernambuco, 1971.

CAVALCANTI, Themístocles Brandão. *Do controle da constitucionalidade*, Rio, Forense, 1968.

CHIOVENDA, Giuseppe. *Princippi di diritto processuale civile*, Vol. I, Napoli, Jovene, 1980.

_____. *Istituzioni di diritto processuale civile*, Vol. I, Napoli, Jovene, 1947.

_____. *La acción em el sistema de los derechos*, Bogotá, Temis, 1986.

COMOGLIO, Luigi Paolo. *Garanzie costituzionali e "giusto processo"*, Revista de Processo 90, São Paulo, Revista dos Tribunais.

COSTA, José Rubens. *Controle difuso e concentrado de inconstitucionalidade*, Revista dos Tribunais 799/135, São Paulo, Revista dos Tribunais, 2002.

COUTURE, Eduardo Juan. *Fundamentos del derecho procesal civil*, Buenos Aires, Depalma, 1942.

_____. *Estúdios de derecho procesal civil*, Buenos Aires, Depalma, 1948.

_____. *La garanzia constituzionale del dovuto processo legale*, Milano, Rivista di diritto processuale, 1952,

CRISAFULLI, Vezio. *Lezioni di diritto costituzionale*, Vol. I, Padova, Cedam, 1966.

CUENCA, Humberto. *Derecho procesal civil*, 3ª ed., Caracas, Universidad Central de Venezuela, 1976.

DIAS, Luiz Cláudio Portinho. *O sistema brasileiro de controle de constitucionalidade dos atos normativos*, Revista dos Tribunais 754/99, São Paulo, Revista dos Tribunais, 1998.

DUGUIT, Leon. *Traité de Droit Constitutionnel*, 2ª ed., Paris, 1923.

DWORKIN, Ronald. *Los derechos en serio*, Barcelona, Ariel, 1991.

_____. *O império do direito*, São Paulo, Martins Fontes, 2003.

ESTELITA, Guilherme. *Direito de ação e direito de demandar*, Rio, Livraria Jacinto, 1942.

FAZZALARI, Elio. *Istituzioni di diritto processuale*, 8ª ed., Padova, Cedam, 1996.

FERRARI, Regina Maria Macedo Nery. *Efeitos da declaração de inconstitucionalidade*, São Paulo, Revista dos Tribunais, 1987.

FERREIRA, Pinto. *Princípio da supremacia da Constituição e controle da constitucionalidade das leis*, Revista de Direito Público 17/17, São Paulo, Revista dos Tribunais, 1968.

FILHO, Cândido Mota. *A evolução do controle da constitucionalidade das leis no Brasil*, Revista Forense 86/273, Rio, Forense, 1941.

FILHO, Manoel Gonçalves Ferreira. *Do processo legislativo*, 4ª ed., São Paulo, Saraiva, 2001.

FIX-ZAMUDIO. *La protección procesal de las garantias individuales en América Latina*, México, Porrúa, 1988.

GHIGLIANI, Alejandro E. *Del control jurisdiccional de constitucionalidad*, Buenos Aires, Depalma, 1952.

GODOY, Arnaldo Sampaio de Moraes. *Pós-modernismo jurídico*, Porto Alegre, Fabris, 2005.

GOLDSCHMIDT, James. *Derecho procesal civil*, Madrid, Barcelona, 1936.

_____. *Teoria general del processo*, Madrid, Labor, 1936.

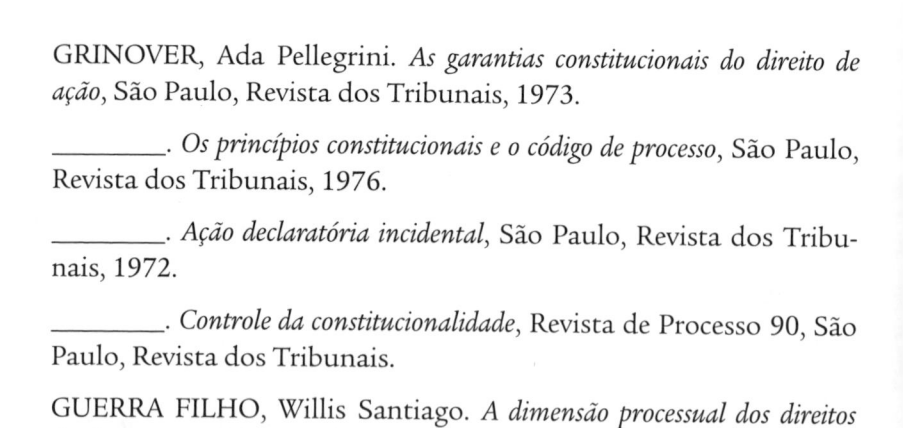

GRINOVER, Ada Pellegrini. *As garantias constitucionais do direito de ação*, São Paulo, Revista dos Tribunais, 1973.

_____. *Os princípios constitucionais e o código de processo*, São Paulo, Revista dos Tribunais, 1976.

_____. *Ação declaratória incidental*, São Paulo, Revista dos Tribunais, 1972.

_____. *Controle da constitucionalidade*, Revista de Processo 90, São Paulo, Revista dos Tribunais.

GUERRA FILHO, Willis Santiago. *A dimensão processual dos direitos fundamentais*, Revista de Processo 87, São Paulo, Revista dos Tribunais, 1997.

HABERMAS, Juergen. *Pensamento pós-metafísico*, Coimbra, Almedina, 2004.

JAFFIN, George H. *Evolução do controle jurisdicional da constitucionalidade das leis nos Estados Unidos*, Revista Forense 86/280, Rio, Forense, 1941.

JELLINECK, Georg. *Sistema dei diritti pubblici subbijettivi*, trad. Gaetano Vitagliano, Milano, Società Editrice Libraria, 1912.

JÚNIOR, Edílson Pereira Nobre. *Controle de constitucionalidade*, Revista de Direito Administrativo 222/143, Rio, Renovar, 2000.

JÚNIOR, Humberto Theodoro. *Coisa julgada inconstitucional e os instrumentos processuais para seu controle*, Revista dos Tribunais 795/22, São Paulo, Revista dos Tribunais, 2002.

_____. *Antecipação de tutela em ações declaratórias e constitutivas*, Revista dos Tribunais 763/11, São Paulo, Revista dos Tribunais, 1999.

KELSEN, Hans. *Teoria geral das normas*, Porto Alegre, Fabris, 1986.

LASSALE, Ferdinand. *A essência da constituição*, 5ª ed., Rio, Lumen Juris, 2000.

LEAL, Rosemiro Pereira. *Teoria geral do processo*, Porto Alegre, Síntese, 1999.

LESSA, Pedro. *Do poder judiciário*, São Paulo, Francisco Alves, 1915.

LIMA, Alcides Mendonça. *Competência para declarar a inconstitucionalidade das leis*, Revista Forense 123/347, Rio, Forense, 1949.

LIEBMAN, Enrico Tullio. *Manuale di diritto processuale civile*, Milano, Giuffrè, 1968.

_____. *Dirito costituzionale e proceso civile*, Rivista di Diritto Procesuale, Padova, 1950.

_____. *Estudos sobre o processo civil brasileiro*, São Paulo, Saraiva, 1947.

LOPES DA COSTA. *Direito processual civil*, Vol. I, Rio, Konfino, 1947.

MACHADO GUIMARÃES, Luiz. *Estudos de direito processual civil*, Rio, Jurídica e Universitária, 1969.

MANDRIOLI, Crisanto. *Corso di diritto processuale civile*, 10ª ed., Torino, Giappichelli, 1995.

MARINONI, Luiz Guilherme. *A tutela antecipatória nas ações declaratória e constitutiva*, Revista dos Tribunais 741/77, São Paulo, Revista dos Tribunais, 1997.

MARQUES, José Frederico. *Instituições de direito processual civil*, Rio, Forense, 1956.

MARX, Karl, *O capital*, Vol. I, 2ª ed., Rio, Zahar Editores, 1969.

MARTIN, Carlos de Cabo. *Sobre el concepto de ley*, Madrid, Trotta, 2000.

MARTINS, Ives Gandra da Silva e MENDES, Gilmar Ferreira. *Controle concentrado de constitucionalidade*, São Paulo, Saraiva, 2001.

MELLO FILHO, José Celso. *A tutela judicial da liberdade*, Revista dos Tribunais 526/291, São Paulo, Revista dos Tribunais, 1979.

MENDES, Gilmar Ferreira. *Controle de constitucionalidade*, São Paulo, Saraiva, 1990.

_____. *Controle de constitucionalidade: hermenêutica constitucional e revisão de fatos e prognoses legislativos pelo órgão judicial*, Revista dos Tribunais 766/11, São Paulo, Revista dos Tribunais, 1999.

_____. *Controle incidental de normas no direito brasileiro*, Revista dos Tribunais 760/11, São Paulo, Revista dos Tribunais, 1999.

MIRANDA, Jorge. *A Constituição de 1976*, Coimbra, Coimbra, 1978.

_____. *Manual de direito constitucional*, Tomo II, 2ª ed., Coimbra, Coimbra, 1988.

_____. *Constituição e processo civil*, Revista de Processo 98, São Paulo, Revista dos Tribunais, 1997.

_____. *Os tipos de decisões na fiscalização da constitucionalidade*, Revista Interesse Público 18/34, São Paulo, Notadez, 2003.

MIRANDA, Pontes de. *Comentários à Constituição de 1946*, Tomo IV, 3ª ed., Rio, Borsoi, 1960.

MIRANDA, Vicente Chermont. *Inconstitucionalidade e incompetência do juiz singular*, Revista Forense 92/582, Rio, Forense, 1942.

MONTEIRO, João. *Theoria do processo civil e commercial*, São Paulo, Typographia Acadêmica, 1936.

MONTESQUIEU. *Del espiritu de las leyes*, Buenos Aires, Albatros, 1931.

MOTTA, Sylvio e WILLIAN, Douglas. *Controle de constitucionalidade*, 3ª ed., Rio, Impetus, 2004.

NERY JUNIOR, Nelson. *Princípios do processo civil na Constituição Federal*, São Paulo, Revista dos Tribunais, 1988.

NOVELLI, Flávio Bauer. *Norma constitucional inconstitucional?*, Revista de Direito Administrativo 199/21, Rio, FGV, 1995.

OTERO, Paulo. *Ensaio sobre o caso julgado inconstitucional*, Lisboa, Lex, 1993.

PAGEO, Encarnación Marin. *La cuestion de inconstitucionalidad en el proceso civil*, Madrid, Civitas, 1990.

PALLARES, Eduardo. *Derecho procesal civil*, 7ª ed., México, Porrúa, 1978.

PALU, Oswaldo Luiz. *O controle coletivo de constitucionalidade no direito brasileiro*, Revista dos Tribunais 765/34, São Paulo, Revista dos Tribunais, 1999.

PEYRANO, Jorge W. *El derecho procesal postmoderno*, Revista de Processo 81/141. São Paulo, Revista dos Tribunais.

PINTO FERREIRA. *Princípio da supremacia da Constituição e controle da constitucionalidade das leis*, Revista de Direito Público 17/17.

POLETTI, Ronaldo. *Controle da constitucionalidade das leis*, 2ª ed., Rio, Forense, 1997.

PRIETO CASTRO, Leonardo. *La accion declarativa*, Madrid, Editorial Reus, 1932.

PUERTO, Miguel Montoro. *Jurisdiccion constitucional y procesos constitucionales*, Madrid, Colex, 1991.

RAMOS, Dirceo Torrecillas. *O controle de constitucionalidade por via de ação*, São Paulo, Angelotti, 1994.

REIMUNDIN, Ricardo. *Derecho procesal civil*, Tomo I, Buenos Aires, Viracocha, 1954.

REPETTO, Raul Bertelsen. *Control de constitucionalidad de la ley*, Santiago, Editorial Jurídica de Chile, 1969.

ROMANO, Santi. *Princípios de direito constitucional geral*, São Paulo, Revista dos Tribunais, 1977.

ROSAS, Roberto. *Direito processual constitucional*, São Paulo, Revista dos Tribunais, 1983.

_____. *Questão prejudicial e ação declaratória*, Revista dos Tribunais 489/31, São Paulo, Revista dos Tribunais, 1976.

ROSENN, Keith S. *O controle da constitucionalidade no Brasil: Desenvolvimentos recentes*, Revista de Direito Administrativo 227/1, Rio, FGV, 2002.

ROSENBERG, Leo. *Tratado de derecho procesal civil*, Buenos Aires, Ejea, 1955.

SALES, Gabrielle Bezerra. *Teoria da norma constitucional*, São Paulo, Manole, 2004.

SANTIAGO, Myrian Passos. *Os efeitos da declaração de inconstitucionalidade no tempo*, Revista de Processo 94/109, São Paulo, Revista dos Tribunais.

SANTO, Tomás de Aquino. *Suma teológica*, Tomo VI, Madrid, Biblioteca de Autores Cristianos, 1956.

SCHONKE, Adolph. *Derecho procesal civil*, Barcelona, Bosch, 1946.

SILVA, Adailson Lima e. *Ação declaratória*, São Paulo, Juarez de Oliveira, 2001.

SILVA, José Afonso da. *Curso de direito constitucional positivo*, 6ª ed., São Paulo, Revista dos Tribunais, 1990.

_____. *Aplicabilidade das normas constitucionais*, 3ª ed., São Paulo, Malheiros, 1998.

_____. *A lei*, Revista de Direito Administrativo 215/9, São Paulo, Renovar, 1999.

_____. *Controle de constitucionalidade: variações sobre o mesmo tema*, Revista Interesse Público 25/13, Porto Alegre, Notadez, 2004.

SCHWAB, Karl Heinz. *El objeto litigioso em el processo civil*, Buenos Aires, Ejea, 1968.

TARZIA, Giuseppe. *Lineamenti del nuovo processo di cognizione*, Milano, Giuffrè, 1991.

TEIXEIRA, Sálvio de Figueiredo. *Controle de constitucionalidade no Brasil e em Portugal*, Revista de Direito Público 28/12, São Paulo, Revista dos Tribunais.

TUCCI, Rogério Lauria e TUCCI, José Rogério Cruz e. *A Constituição de 1988 e o processo*, São Paulo, Saraiva, 1989.

VIEIRA, José Marcos Rodrigues. *Da ação cível*, Belo Horizonte, Del Rey, 2002.

WACH, Adolph. *La pretensón de declaración*, Buenos Aires, Ejea, 1952.